[História
do dogma
cristológico
na Igreja
antiga

Dados Internacionais de Catalogação na Publicação (CIP)
(Câmara Brasileira do Livro, SP, Brasil)

Dünzl, Franz
  História do dogma cristológico na Igreja antiga /Franz Dünzl; tradução de Paulo Ferreira Valério. – 1. ed. – Petrópolis, RJ : Vozes, 2023.

  Título original: Geschichte des christologischen Dogmas in der Alten Kirche.

  Bibliografia.
  ISBN 978-65-5713-817-5

  1. Jesus Cristo – História das doutrinas I. Título.

23-146349   CDD-230

Índices para catálogo sistemático:
1. Doutrina cristã : Cristianismo   230

Aline Graziele Benitez – Bibliotecária – CRB-1/3129

Franz Dünzl

História do dogma cristológico na Igreja antiga

Obra editada por Michael Busser e Johannes Pfeiff

Tradução de Paulo Ferreira Valério

EDITORA VOZES

Petrópolis

© 2019, Verlag Herder GmbH, Freiburg im Breisgau.

Tradução realizada a partir do original em alemão intitulado *Geschichte des christologischen Dogmas in der Alten Kirche*

Direitos de publicação em língua portuguesa – Brasil:
2023, Editora Vozes Ltda.
Rua Frei Luís, 100
25689-900 Petrópolis, RJ
www.vozes.com.br
Brasil

Todos os direitos reservados. Nenhuma parte desta obra poderá ser reproduzida ou transmitida por qualquer forma e/ou quaisquer meios (eletrônico ou mecânico, incluindo fotocópia e gravação) ou arquivada em qualquer sistema ou banco de dados sem permissão escrita da editora.

CONSELHO EDITORIAL

Diretor
Volney J. Berkenbrock

Editores
Aline dos Santos Carneiro
Edrian Josué Pasini
Marilac Loraine Oleniki
Welder Lancieri Marchini

Conselheiros
Elói Dionísio Piva
Francisco Morás
Gilberto Gonçalves Garcia
Ludovico Garmus
Teobaldo Heidemann

Secretário executivo
Leonardo A.R.T. dos Santos

Editoração: Clauzemir Makximovitz
Diagramação: Sheilandre Desenv. Gráfico
Revisão gráfica: Alessandra Karl
Capa: Rafael Nicolaevsky

ISBN 978-65-5713-817-5 (Brasil)
ISBN 978-3-451-37877-5 (Alemanha)

Este livro foi composto e impresso pela Editora Vozes Ltda.

Sumário

Introdução, 7
1 Pontos de referência neotestamentários, 11
2 Formas da cristologia pneumatológica, 19
  2.1 A perícope do batismo como ponto de partida da Cristologia Pneumatológica, 19
  2.2 Pneuma como dimensão divina do Redentor, 36
3 A pergunta pela alma de Cristo, 49
4 As controvérsias cristológicas do século IV, 63
  4.1 A disputa em torno do arianismo, 63
  4.2 A controvérsia apolinarista, 76
5 A oposição entre a cristologia antioquena e a alexandrina, 95
  5.1 A moção contra Apolinário: a posição antioquena, 95
  5.2 A controvérsia em torno de Nestório, 121
6 O Concílio de Éfeso e sua história posterior, 149
7 A formulação do dogma cristológico, 161
  7.1 A investida monofisista e o "sínodo de ladrões" de Éfeso, 161
  7.2 O Concílio de Calcedônia, 172
  7.3 A história posterior do Concílio de Calcedônia, 183
  7.4 A "Controvérsia em Três Capítulos" e o Segundo Concílio de Constantinopla, 189

7.5 Esclarecimentos adicionais: o monenergismo e
o monoteletismo, 198

8 A síntese cristológica: João de Damasco, 215

9 Resultado, 229

Referências, 245

Índice de citações bíblicas, 249

Antigo Testamento, 249

Novo Testamento, 250

Índice de nomes e de assuntos, 253

Franz Dünzl (1960-2018), 261

In memoriam, 261

Curriculum vitae, 269

Publicações selecionadas, 270

Introdução

As religiões interpretam a realidade e, com isso, seguem diversas tradições espirituais que, a seu turno, nem sempre prosseguem linearmente, mas apresentam refrações, ramificam-se e, às vezes (conforme o caso, recorrendo a níveis de tradição mais antigos), podem recomeçar. O agente principal e centro da interpretação *cristã* da realidade não é constituído pelas instituições eclesiais, pelas doutrinas e normas éticas, pela missa e nem sequer pela Bíblia, mas por uma figura histórica, uma pessoa que viveu há 2000 anos, Jesus de Nazaré, em quem – como o formula a tradição cristã – Deus tornou-se homem. Contudo, especialmente na atualidade, esta tradição não permanece incontestável: seria possível objetar que ela se baseia em um mito que estiliza a vida do Jesus terrestre como descida de um ser celestial sobre a terra e, assim, impõe ao homem de hoje uma antiga história de deuses. Não seria melhor renunciar a essa narrativa, a fim de abordar Jesus de Nazaré de maneira racional, esclarecida e intelectualmente responsável? Acrescentam-se reservas segundo as quais a insistência provocadora na divindade de Jesus dificulta, ou torna até mesmo impossível, o diálogo e a compreensão recíproca das religiões monoteístas – ao passo que, como mestre espiritual, Jesus poderia ser venerado também no Islã ou no judaísmo, não, porém, como Deus encarnado.

As ressalvas vão até mais fundo: os conhecimentos científicos dos últimos 200 anos abriram-nos o tríplice abismo do espaço, do tempo e das gerações: hoje, sabemos que a terra é apenas um satélite de uma estrela insignificante em um braço lateral da Via-Láctea, e que, além dessa Via-Láctea, ainda há pelo menos 50 bilhões de outras galáxias cujas estrelas são praticamente incontáveis. Na infinita imensidão do espaço, Deus deveria realmente condescender em escolher um insignificante planeta e, entre as várias nações, *um* povo, e neste povo de Israel, *um* homem, Jesus de Nazaré? Quanto mais estupendas as extensões que as dimensões do cosmo assumem em nossa consciência, mais ínfimo e insignificante deve parecer-nos o ser humano individualmente, também esse homem de Nazaré – menor do que um grão de poeira, praticamente um átomo, comparado à superabundância do que existe no abismo do espaço.

O abismo do espaço está ligado ao abismo do tempo: a luz das mais distantes galáxias tem viajado 13,8 bilhões de anos para chegar até nós, e os astrônomos avaliam que esta seria a idade de nosso mundo. Nossa Terra se formou somente há 4 ou até 4,5 bilhões de anos dentro de nosso sistema solar, e apenas no último instante apareceu o ser humano. A vida de cada um de nós, por mais que seja plena de alegria e de sofrimento, é apenas um breve lampejo nas incomensuráveis dimensões do tempo. É possível que Deus, que se encontra além do tempo, tenha escolhido um insignificante instante nos bilhões de anos da história do universo, e que se tenha ligado à breve vida de um ser humano, que nem sequer durou 35 anos – uma breve faísca quase imperceptível na infinita corrente do tempo?

Ademais, a história do universo deve ser compreendida como um único enorme processo de desdobramento e evolução, a começar pelo surgimento dos elementos, da formação das galáxias, do sistema solar e dos planetas. Passaram-se mais de nove bilhões de anos até que aparecessem os primeiros sinais de vida sobre a terra; e, depois, uma vez mais, quase três bilhões de anos até que se desenvolvessem os primeiros organismos pluricelulares. A história da vida, que emerge do abismo das gerações, é também nossa história – a história dos mamíferos, dos primatas, dos hominídeos... O ser humano, basicamente, não é um animal que se tornou inteligente? Não teria Deus se encarnado em uma espécie mais elevada de animal? Não é arrogância presumir que Deus se tenha tornado semelhante a *nós*? Não deveríamos, com maior humildade, falar sobre Jesus de Nazaré, renunciando a toda superelevação absurda?

Em sentido inverso, evidentemente, é possível indagar se, desse modo, nós não estaríamos desistindo prematuramente da dimensão profunda da interpretação cristã do mundo; se a tradição não nos desafia antes a colocar a fé na Encarnação de Deus no horizonte da visão do mundo atual e a repensá-la.

A fim de lançar mais luz sobre esta fé, vale a pena rastrear a(s) linha(s) cristã(s) da Tradição até seus primórdios, até às raízes neotestamentárias da reflexão cristológica em sentido mais estrito. No caso, não se trata da relação de tensão entre monoteísmo e Trindade*, mas tomando-se mais estritamente de perguntar se e em que sentido, segundo o testemunho do Novo Testamento e das tradições a ele subsequentes, Deus se encontra na pessoa de Jesus de Nazaré, que nasceu e morreu à margem do Império Romano durante o reinado dos imperadores Augusto e Tibério. Com outras palavras: trata-se da questão da Encarnação.

Da abundância dos textos fontes, que são frequentemente discutidos de maneira controversa na pesquisa, também nesta apresentação só se pode escolher alguns. Apesar disso, gostaria de apresentar aos leitores deste livro – sem pretensão de exaustividade – várias abordagens e modelos nas afirmações dos autores cristãos primitivos, as quais espelham o esforço deles para compreender e descrever a importância particular de Jesus. Quem quer que esteja ao menos um pouco familiarizado com os processos históricos (histórico-dogmáticos), não ficará surpreso que a variedade de modelos tenha levado a acaloradas discussões. Ao mesmo tempo, porém, gostaria também de despertar a atenção para a dinâmica dialética de tais altercações que levaram a reflexão cristológica da Igreja Primitiva a pontos decisivos e nos deixaram um legado permanente.

---

* Para o caso, deve-se remeter à "Pequena história do dogma trinitário na Igreja antiga".

1

Pontos de referência neotestamentários

Provavelmente, a mais antiga tentativa neotestamentária de dar uma resposta em sentido estrito à questão cristológica se encontra no hino pré-paulino da Carta aos Filipenses (cerca de 53 d.C.), quando, aqui em Fl 2,6-11, em relação a "Cristo Jesus", diz-se:

> Ele estava na forma (*en morphe*) de Deus, não considerou, porém, uma "presa" [pertencente a ele] o ser igual a Deus, mas se despojou, tomando a forma de um escravo; apareceu em semelhança (*en homoiomati*) aos homens e segundo seu aspecto exterior (*schemati*) foi reconhecido como homem, abaixou-se, tornando-se obediente até a morte, à morte de cruz (Fl 2,6-8).

A esse autorrebaixamento da semelhança divina segue-se a elevação por Deus (Fl 2,9-11).

A pesquisa tentou derivar este hino de diversas tradições: biblicamente, por exemplo, das especulações sapienciais, segundo as quais a sabedoria personificada é uma grandeza preexistente que colabora na criação realizada por Deus (cf. Pr 8,22-31 LXX); em seguida, porém, escolheu sua moradia entre os homens, ou seja, em Israel (cf. Br 3,37s.); em Sb 7,27, por fim, diz-se dela: "De geração em geração ela entra nas almas santas e faz amigos de Deus e profetas" (entretanto, o Livro de Baruc e a *Sapientia Salomonis* não constam do cânone da Bíblia Hebraica; por isso, foram tomados pelos cristãos da Septuaginta grega, a LXX). Contudo, em sua entrada no mundo, a sabedoria não é rebaixada – este tema está ausente. Extrabiblicamente, remeteu-se, por exemplo, ao *Anthropos-Mythos* ["o mito do homem"], que deve ser atribuído ao Hermetismo (um *corpus* sincrético de escritos esotéricos ou teosóficos de proveniência pagã): ele conta paradigmaticamente a história "do ser humano" que, originalmente, era semelhante a Deus e imortal, mas que se perdeu na degradação da matéria e teve de assumir sobre si a existência de escravo, ou seja, uma existência sob as condições de doença, velhice e morte – meras forças às quais ele não estava submetido originalmente e das quais deveria escapar novamente com o auxílio do conhecimento hermético. De forma semelhante, este mito emerge na "gnose", movimento religioso da Antiguidade tardia, por exemplo, no famoso "Hino da Pérola", dos Atos Apócrifos de Tomé (*Acta Thomae* 108–113), no qual o "filho do rei" (ou seja, o ser humano), que se esqueceu de sua pátria originária e de sua missão no estrangeiro, é lembrado de sua origem e de sua verdadeira identidade através de uma "carta". Por outro lado, em outras versões gnósticas do mito, a figura do *Redentor* desempenha um papel mais proeminente:

Ele é enviado ao ser humano perdido e voluntariamente desce da esfera da plenitude divina (o *pleroma*) ao mundo do vazio e da carência, a fim de devolver ao ser humano a gnose, o conhecimento perdido, para devolver-lhe sua antiga pátria e, desse modo, libertá-lo de seu cativeiro. Reconhecemos as semelhanças com o hino cristão dos Filipenses, principalmente o esquema descida-subida; mas também existem diferenças: o hino pré-paulino não é simplesmente uma imitação do mito hermético ou gnóstico. O autoesvaziamento voluntário da figura celestial do redentor mistura-se na tradição cristã com a imagem bíblica do Servo Sofredor, que permanece obediente a Deus até à morte. De fato, no anúncio de Jesus, não se trata em primeiro lugar de transmissão de conhecimento, não de (auto)conhecimento, ou seja, de gnose, mas do fato de que Jesus, em sua vida terrestre, em sua história, permaneceu fiel a Deus até às últimas consequências – *por isso* Deus o exaltou e constituiu-o soberano universal. O esquema hermético ou gnóstico não é, portanto, simplesmente tomado, mas também mudado e corrigido: é reconectado à história de um ser humano real, um judeu que, em tudo, fez a vontade de Deus.

O fato de aqui se entretecerem motivos ou esquemas bíblicos e extrabíblicos deve ser remetido ao ambiente sincretista da cultura helenista da época de transição, que colocou em contato diversas correntes espirituais e, precisamente assim, levou a novo florescimento. A compreensão da origem do hino certamente não nos dispensa da questão a respeito do permanente potencial de significado do texto para a reflexão cristológica: de importância particular é, no caso, a concepção da *"kenosis"*: ela caracteriza o acontecimento da "Encarnação" como autoesvaziamento do Redentor, que "se esvazia" (conforme o significado básico do verbo) de tudo o que pertence à imagem do ser divino; ou seja, a semelhança com Deus: onipotência, beatitude, liberdade ilimitada, imortalidade, eternidade, onisciência – uma existência que Ele teria podido conservar para si (como "posse privada" ou "presa"). Em vez disso, troca-a voluntariamente pela "escravidão" da existência humana, a submissão à impotência, ao sofrimento, à limitação, à temporalidade e à ignorância, às condições de nossa existência, cuja última e mais amarga é a morte que, em Jesus de Nazaré, concretizou-se como morte na cruz. E a esse autoesvaziamento e rebaixamento, Deus respondeu mediante a exaltação de Jesus a Senhor e Cosmocrator ["Rei do Universo"]. Neste hino, os motivos mitológicos não servem à iluminação da existência humana como tal, mas estão relacionados a uma figura histórica cujo destino de vida é situado em um contexto de significado universal.

Um horizonte semelhantemente amplo abre também o Prólogo do Evangelho de João (final do séc. I): ele apresenta o Redentor como o *Logos* (a "Palavra") que estava no princípio junto de Deus e era Deus mesmo (cf. Jo 1,1s.). A respeito deste Logos, por meio do qual tudo se fez (cf. Jo 1,3), diz-se em Jo 1,14: "E o Verbo se fez carne, e habitou entre nós; e nós vimos a sua glória". Neste contexto, "carne" (grego: *sarx*) não tem significado anatômico (carne, em contraste com ossos, ou em oposição à alma e ao espírito do ser humano), mas abrange a fragilidade, a decrepitude e a efemeridade da existência humana como um todo –, de modo que é dado um paralelo com a "escravatura" humana, da qual o hino aos Filipenses fala. O Evangelho de João também conhece declarações sobre a descida e (re) subida do Redentor (Jo 16,28; cf. 13,3; 3,13; 6,62), tal como se encontram semelhantemente em mitos gnósticos, mas neste ponto – e não somente aqui –, o esquema é rompido, o mito é corrigido pela história de Jesus: a verdade de um mito ocorre por toda parte e em lugar algum, sempre e jamais; no entanto, o que é narrado aqui, tornou-se realidade histórica, concreta e inconfundível no povo da Torá e do Templo, na figura de um pregador itinerante crucificado; esta realidade é também sublinhada pelas penetrantes palavras de 1Jo 1,1-3, que, tendo em vista "*o Logos da vida*", querem testemunhar e anunciar "o que ouvimos, o que vimos com nossos olhos, e [o que] nossas mãos apalparam".

O Prólogo de João dá um passo adiante quando, tendo em vista aquele que se encarnou, enfatiza: "... nós vimos a sua glória" – o paradoxo é intencional: a glória do Redentor se revela na realidade terrena da *sarx*, e, portanto, é também simplesmente consequente que o evangelista não fixe a "elevação" de Cristo somente depois de sua Ressurreição, mas possa referir-se à elevação na Cruz (cf. Jo 3,14-16; 8,28; 12,32s.). O que no hino aos Filipenses aparece como modelo em dois níveis, e nos capítulos posteriores do Evangelho de João pode ser descrito como sucessão de descida e ressubida, está entrelaçado nas afirmações do Prólogo: o rebaixamento e a glória do Redentor não se excluem mutuamente, mas se incluem.

Há outro texto neotestamentário que talvez originalmente não esteja relacionado à nossa pergunta pela cristologia em sentido estrito, mas é importante para ela do ponto de vista da história da influência: no preâmbulo de sua Carta aos Romanos (por volta do ano 55 d.C.), Paulo recorre a uma fórmula mais antiga, que confessa o Cristo Jesus como aquele *"nascido da estirpe de Davi segundo a carne, estabelecido Filho de Deus com poder por sua Ressurreição dos mortos"* (Rm 1,3s.). Na fórmula de confissão pré-paulina, que já devia ser conhecida da comunidade romana em forma semelhante, interessa a contraposição entre "carne" e "espírito de santidade" em nosso contexto. Aqui o Redentor é descrito de dupla maneira: *"kata sarka"* e *"kata pneuma hagiosynes"*. *Sarx* significa, indubitavelmente, de novo a existência terrestre de Jesus, razão por que aqui, certamente, sua descendência davídica é enfatizada, a qual deve legitimá-lo como Messias. A expressão *pneuma hagiosynes* retoma o uso linguístico dos Salmos na LXX, na qual *hagiosyne* substitui a santidade de Deus (cf. Sl 29,5 LXX com Sl 30,5 na versão hebraica; Sl 96,12 LXX com Sl 97,12), sua sublimidade (cf. Sl 144,5 LXX com Sl 145,5) e poder (cf. Sl 95,6 LXX com Sl 96,6): "Filho de Deus com poder" é, desse modo, o Redentor segundo sua dimensão divino-pneumática. A questão é significativa para nosso horizonte de questões porque a contraposição entre *sarx* e *pneuma* e geralmente o recurso ao pneuma divino para a caracterização do Redentor nas primeiras gerações pós--apostólicas deviam determinar a reflexão cristológica.

2

Formas da cristologia pneumatológica

2.1 A perícope do batismo como ponto de partida da Cristologia Pneumatológica

Um primeiro ponto de partida para a possibilidade de descrever a excepcional importância do Redentor com o auxílio do conceito de Pneuma é oferecido pela perícope do batismo de Jesus no Jordão, tal como é narrada pelos sinóticos: segundo a apresentação em Mc 1,9-11, os céus rasgaram-se, e sobre Jesus, que acaba de ser batizado, desceu *"o Pneuma"* (Mt 3,16 especifica: *"[o] Pneuma de Deus"*, Lc 3,22: *"o Pneuma Santo"*). Na versão de Marcos, somente Jesus vê a descida do Pneuma e unicamente para Ele são destinadas as palavras iluminadoras: "Tu és o meu Filho amado, em ti me comprazo" (Mc 3,11), razão por que a cena às vezes foi interpretada como visão vocacional. Em todo caso, porém, ela serve à autorização e à legitimação de Jesus, que é revestido com a "força do alto" e é confirmado pelo próprio Deus como seu Filho amado.

Devemos ter presente que no Evangelho de Marcos faltam tanto as narrativas da concepção milagrosa e do nascimento de Jesus quanto afirmações explícitas sobre a preexistência do Redentor (as quais excedem teologicamente a narrativa do batismo e, assim, ao mesmo tempo, nivelam-na); portanto, é plausível que a tradição da descida do Espírito sobre Jesus, que era inspirada no Primeiro Cântico do Servo, particularmente em Is 42,1 (como o sugere a citação de reflexão em Mt 12,18-21, acomodada secundariamente à perícope do batismo), por si só podia ser tomada já como um primeiro ponto de partida para outros esboços cristológicos que, certamente, apontavam em diversas direções.

De um lado, atesta-o o Evangelho Ebionita Judeu-cristão (que pode ter surgido na primeira metade do séc. II): o famoso heresiógrafo Epifânio de Salamina (séc. IV) oferece dele algumas citações esclarecedoras (*Panarion omnium haeresium* XXX 13), que mostram que o Evangelho Ebionita, embora pressupusesse os sinóticos, decidiu-se firmemente pela concepção cristológica do Evangelho de Marcos e desenvolveu-a ainda mais: com efeito, começa (como em Mc 1) com o batismo de penitência de João no Jordão, mas em seguida completa com a perícope batismal marcana de maneira característica: Jesus vê "o Espírito Santo em forma de uma pomba que desceu e entrou [!] nele", e a voz do céu interpela Jesus não somente como Filho amado, mas completa: "Eu hoje te gerei" (Sl 2,7). O lugar é envolvido por uma grande luz, em seguida João pergunta a Jesus quem Ele é. A resposta é dada novamente pela voz do céu que, agora, diante do Batista (com Mt 3,17), proclama Jesus como "Filho amado"; como reação, João prostra-se diante de Jesus.

Enfatiza-se aqui – para além dos sinóticos – a *entrada* do Pneuma (isto é, sua presença permanente) em Jesus e a interpretação do acontecimento como adoção de Jesus por Deus. Portanto, na cristologia do Evangelho Ebionita, atribui-se à cena do batismo uma função-chave: para a comunidade judeu-cristã, à qual é atribuído este evangelho, Jesus é o Filho de Deus porque, desde o batismo no Jordão, o Pneuma Santo, aquele poder que vem de Deus, como o atesta o Antigo Testamento, está presente nele permanentemente.

A isso se ajustam apontamentos do Bispo Irineu de Lião (final do séc. II), segundo as quais os ebionitas negavam o nascimento virginal (cf. *Adversus haereses* IV 33,4; V 1,3) e diziam que Jesus foi gerado por José (*haer*. III 21,1). Irineu censurava-os de uma cristologia deficiente, porque eles viam em Jesus apenas um ser humano; no entanto, sua crítica à concepção dos ebionitas não é inteiramente justa, pois ela negligencia a importância que eles atribuem ao revestimento de Jesus com o Pneuma Santo. Isto se deve à mudança de perspectiva: aqueles que, como Irineu, recebem todos os Quatro Evangelhos e as Cartas de Paulo sem restrição, para esses a cena do batismo sem dúvida perde importância em comparação com o nascimento virginal e a cristologia da preexistência; ainda mais: devem elucidar *por que* Jesus, cujo nascimento, segundo o cânone apenas emergente do Novo Testamento foi explicado mediante a ação do

Pneuma (Mt/Lc) e que, além disso, foi identificado com o Logos divino (Jo), absolutamente ainda precisava ser revestido do Pneuma (cf. *haer.* III 9,3).

Por outro lado, pode-se naturalmente perguntar se também os ebionitas não partilhavam a convicção fundamental de que *cada* cristão, no batismo, é agraciado com o Pneuma Santo – o que, então, ainda distingue os cristãos de Jesus? Hipólito de Roma (começo do séc. III), em uma exposição aos ebionitas, aponta para esse nivelamento: na opinião dos partidários de Jesus, eles também poderiam tornar-se "ungidos" como Cristo, o que aqui, no entanto, não é fixado na posse do Pneuma, mas em um consequente cumprimento da lei mosaica por Cristo e pelos judeu-cristãos (cf. *Refutatio omnium haeresium* VII 34). Se, naturalmente, a analogia ebionita entre Cristo e os cristãos não deveria, porém (também), ser ligada ao batismo, permanece discutível, em minha opinião.

A descida do Espírito durante o batismo de Jesus tornou-se ponto de partida central da cristologia também para outro agrupamento judeu-cristão, ao qual o assim chamado Evangelho dos Hebreus está associado, o que, por sua vez, deve ser datado do começo do século II. Jerônimo (séc. IV/V), cita-o no IV Livro de seu comentário ao Livro de Isaías, na exegese de Is 11,2:

> Aconteceu, porém, que quando o Senhor tinha subido da água, [eis que] desceu a fonte de todo Espírito Santo e repousou sobre Ele; e Ele disse-lhe: "Meu Filho, em todos os profetas eu te esperei, que viesses

e eu repousasse sobre ti. É que tu és meu repouso, tu és meu Filho primogênito, que reinas para sempre".

Esta nova versão da perícope do batismo subjaz na promessa de Is 11,1-3 LXX, segundo a qual, um rebento sairia da raiz de Jessé; sobre ele repousaria o Pneuma de Deus (!), ou seja, o Pneuma de sabedoria e de inteligência, Pneuma de conselho e de fortaleza, Pneuma de conhecimento e de piedade; [além disso] o Pneuma do temor de Deus o preencheria. Evidentemente, o Evangelho dos Hebreus resume os dons do Pneuma amplamente desdobrados aqui na expressão *fonte de todo Espírito Santo*" (a expressão latina em Jerônimo "*fons omnis spiritus sancti*" é ocasionalmente também entendida como "*toda a fonte do Espírito Santo*"; contudo, parece-me que a ênfase com Is 11,2s. LXX recai sobre todos os diversos tipos do Pneuma). Em analogia com o Evangelho dos Ebionitas, segundo o qual o Pneuma "entra" em Jesus, aqui se ressalta seu "repouso" (definitivo) sobre o Senhor, mediante o qual o anelo do Espírito finalmente se realiza, o que, por sua vez, enfatiza a provisoriedade de todos os profetas. Curiosamente, o Senhor aqui não é descrito como "Filho de Deus", mas como "Filho primogênito" do Pneuma Santo. A isso corresponde outro fragmento mais atestado do Evangelho dos Hebreus, no qual o Redentor chama o Pneuma Santo de *minha mãe* (cf., por exemplo, Orígenes, *Com. in Ioh*. II 12,87s., que procura justificar tal denominação);

provavelmente aqui se encontra uma reminiscência da característica da língua hebraica ou aramaica, nas quais a palavra para "Espírito" (na maioria dos casos) é feminina. Discutível é se com a "vinda do Senhor" poderia significar sua vinda da preexistência (cf. a propósito, no entanto, a "vinda" de Jesus ao Jordão segundo Mc 1,9); contudo, permanece indiscutível que a *plenitude* do Espírito Santo é que distingue Jesus desde o batismo no Jordão e eleva-o acima dos profetas e, certamente também, acima de todas as pessoas – uma concepção que repetidamente retoma e vê realizada uma promessa veterotestamentária.

A partir da perspectiva da grande Igreja, estes rudimentos cristológicos permaneceram meras notas marginais (razão por que foram transmitidas apenas de modo fragmentário) – o desenvolvimento teológico ignorou-as. Tanto mais admirável é que em um escrito surgido na primeira metade do século II, em meio à comunidade romana e que pôde manter-se não apenas ali, mas que também se difundiu por toda a região mediterrânea, encontre-se uma forma de cristologia pneumática que apresenta certa semelhança com os esboços judeu-cristãos: trata-se do "Pastor de Hermas", cujo *verdadeiro* tema era a questão da penitência, que foi na época controversamente discutido – talvez esta tenha sido a razão pela qual a concepção cristológica antiquada e, ademais, imprecisa, desta obra tenha sido "ignorada".

Em sua 5ª parábola, o autor de Hermas faz uma figura reveladora (o Anjo da Penitência, que aparece como pastor) explicar do que se trata quando se fala do "Filho de Deus" que trabalhou pela salvação da humanidade: *"Deus fez habitar na carne que Ele havia escolhido o Espírito Santo preexistente, que criou todas as coisas. Essa carne, em que o Espírito Santo habitou, serviu muito bem ao Espírito, andando no caminho da santidade e pureza"*, pelo que esta carne foi escolhida para companheira do Espírito Santo e foi recompensada com uma habitação (no céu) – uma asserção que é generalizada em seguida: *"Toda carne em que o Espírito Santo habitou e que for encontrada pura e sem mancha, receberá sua recompensa"* (*Similitudo* V 6,5-7). Desde quando o Pneuma preexistente habitou na *sarx* escolhida (isto é, em Jesus, cujo nome Hermas jamais refere) não é dito. Comparando-se com o Evangelho de Marcos ou com os evangelhos judeu-cristãos mencionados, o batismo de Jesus seria concebível como o momento em que Deus fez o Pneuma Santo habitar na *sarx* escolhida. Também a analogia entre este homem especial e todas outras pessoas nas quais o Pneuma Santo habitou e que – como ele – se confirmaram, pode ser explicada pelo batismo.

Contudo, deve-se afirmar que a compreensão da concepção cristológica de Hermas torna-se ainda mais complicada devido a referências em outras partes de seu livro extenso: com efeito, na 9ª parábola, o Anjo da Penitência diz a respeito do *"Filho de Deus"* que Ele *"nasceu antes de toda a criação, de modo que Ele foi conselheiro de seu Pai na sua criação"*; e que *"se manifestou nos últimos dias antes do fim"* (*Sim.* IX 12,2s.).

Portanto, aqui aparece o "Filho de Deus" concebido como mediador preexistente da criação, como o Pneuma Santo em *Similitudo* V. Esta tensão teológica poderia encontrar sua solução em uma identificação que Hermas oferece em *Similitudo* IX, 1,1: o Santo "*Pneuma é designadamente o Filho de Deus*". De tudo isso resulta: a figura preexistente, que colabora na criação de Deus, em Hermas pode ser chamada de "o Pneuma Santo" ou "o Filho de Deus" (os quais, em *Sim*. IX 1,1 são identificados um com o outro); "Filho de Deus", porém, significa também o Redentor que opera a salvação da humanidade na terra, e é constituído da "*sarx* escolhida" e do "Pneuma Santo". O perfil especial do homem Jesus, que no Evangelho de Marcos e no Evangelho dos Ebionitas traz o título de "Filho de Deus", em todo caso passa pelo Pneuma Santo (o autor não conhece o conceito de Logos), de modo que o "Pastor de Hermas" deve ser classificado também como uma variante da cristologia pneumatológica.

Do ponto de vista da história do dogma, parece-me duvidoso que se devam classificar estas formas de cristologia pneumatológica como mero "adocionismo": de fato, elas lidam, sem dúvida, com uma categoria eminentemente teológica a fim de lançar luz sobre a importância de Jesus. É o Espírito Santo *de Deus* que desce sobre Ele, entra nele, permanece, ou seja, habita nele, que interage com Ele e identifica-o como "Filho de Deus". Estas concepções ligam-se intimamente à Bíblia Judaica, nosso Antigo Testamento, recorrem a uma categoria teológica corrente, o *ruªḥ JWHW*, e, em assim o fazendo, reelaboram promessas proféticas como Is 11,1-3 LXX e Is 42,1; ou seja, elas demonstram como concepções cristológicas podiam desenvolver-se a partir do Antigo Testamento.

No entanto, deve-se apontar mais uma vez para a possibilidade do nivelamento deste conceito: o Espírito de Deus habitava e operava, sem dúvida, também nos profetas (por isso é importante para o Evangelho dos Hebreus subordiná-los a Jesus), desce igualmente sobre os apóstolos, conforme a tradição da Igreja primitiva, e o batismo dos cristãos é, por sua vez, qualificado como batismo do Espírito. Parece-me que aqui está uma das razões por que a cristologia pneumatológica primitiva não pôde impor-se com o passar do tempo, e desde o final do século XX, a antiga concepção cristológica do Evangelho de Marcos recebeu menos atenção, tendo sido superada pelos modelos concorrentes do Novo Testamento que emprestaram à figura do Redentor um perfil singular.

Outra razão que pode ser vista nisso é que em outras formas da cristologia pneumatológica que estavam menos comprometidas com o ambiente judeu-cristão do que com a cultura do helenismo, a relação entre o Jesus terreno e a força divina que operava nele foi reavaliada, o que levou a uma desclassificaçao da *"sarx"* (cuja fraqueza, decrepitude e pendor à tentação já estão conotadas no uso linguístico bíblico).

Sintomático disso é a doutrina cristológica de Cerinto (começo do séc. II) no relato dos heresiógrafos eclesiásticos: Irineu de Lião refere que Cerinto – tal como os evangelhos judeu-cristãos – defendia um nascimento "normal" de Jesus. Jesus teria sido superior a todas as outras pessoas em justiça, sagacidade e sabedoria, e após o batismo, *"desceu sobre Ele, do mais alto poder, o Cristo em forma de pomba"*, depois que Ele teria começado sua atividade pública. Por fim, no entanto, *"o Cristo teria deixado Jesus novamente. E Jesus teria sofrido e teria ressuscitado; o Cristo, porém, teria permanecido imune ao sofrimento porque Ele era pneumático"* (*haer.* I 26,1; cf. Hipólito, *Ref.* VII 33).

Não obstante certa proximidade com os evangelhos judeu-cristãos devem-se assinalar também diferenças: aqui se mantêm separados o Jesus terreno e um Cristo celeste que certamente, de sua parte, representa uma grandeza pneumática e, ademais, em figura semelhante ao Pneuma, como sempre, desce sobre Jesus durante o batismo. O mais decisivo, porém, é que essa grandeza celeste *não permanece ininterruptamente* em Jesus, mas separa-se de Jesus antes da Paixão – isto significa: a Cruz e a Ressurreição são unicamente coisas do homem terreno Jesus; o Cristo celestial permanece intocado por elas; como grandeza pneumática, não pode envolver-se nesses acontecimentos. A esfera terreno-corporal e a pneumática permanecem aqui dualisticamente contrapostas – uma concepção que na tradição bíblica (no Novo Testamento, principalmente no Evangelho de João) já havia sido esboçada, mas que justamente ainda podia ser claramente aguçada e radicalizada.

Discute-se na pesquisa se o agrupamento "ultrajoaneu" contra o qual a Primeira Carta de João se volta não tenha representado tendência semelhante: logo após o surgimento do Evangelho, chegou-se (provavelmente no final do séc. I) a uma divisão da comunidade joanina e à rivalidade em torno do legado teológico comum. O autor da carta quer dar orientações quando em 1Jo 4,2s. escreve: "Todo espírito que confessa que Jesus veio na carne é de Deus; e todo espírito que não confessa Jesus [como vindo na carne] não é de Deus". A vinda de Jesus Cristo *na carne* é a característica distintiva que separa a fé da comunidade joanina (ortodoxa) da fé dos separatistas. Este traço distintivo – contra a concepção mitológica de que um ser celestial-pneumático teria descido a fim de permanecer (temporariamente) em Jesus – é lembrado na frase central do Prólogo de João: "O Logos se fez carne" (Jo 1,14). Toda a existência do Redentor espelha-se na realidade terrena, caduca, fraca da *sarx*. Que isso diga respeito também à Paixão, corrobora-o o autor da carta em um capítulo posterior: Jesus Cristo "veio pela água e pelo sangue ..., não com água somente, mas com a água e o sangue" (1Jo 5,6). A especificação na segunda parte da afirmação sugere que os separatistas também podiam confessar que Jesus Cristo teria vindo na água, o que pode ser compreendido como uma alusão a uma cristologia batismal, semelhante àquela acima referida em relação a Cerinto. Em contraposição a isso, 1Jo insiste que Jesus Cristo também teria vindo *pelo sangue*, isto é, sua vinda inclui também sofrimento e morte na cruz que – como toda a existência de Jesus na carne – são de importância soteriológica (assim 1Jo 1,7: "o sangue de Jesus [...] nos purifica de todo pecado"). A realidade corporal do Redentor e seu destino terreno têm importância permanente para a fé da comunidade joanina, razão pela qual esta acentua tanto que sua promulgação remonta ao "ouvir, ver e apalpar" (do Jesus terreno) (cf. 1Jo 1,1-3).

O anúncio de um Redentor "na carne", que nasceu, sofreu e havia derramado seu sangue na cruz, naturalmente permaneceu um escândalo; e, neste sentido, os separatistas joaninos que provavelmente haviam associado ao batismo não só a maneira de ser pneumática do Redentor, mas também a que lhes era própria, e, portanto, reclamavam para si libertação do pecado e conhecimento imediato de Deus (cf., a propósito, 1Jo 1,8-10; 2,4), estavam mais bem-inculturados em um ambiente moldado pelo platonismo (cf. 1Jo 4,5) e, portanto, mais atraentes para aqueles contemporâneos, para os quais uma contraposição dualista de corporalidade material e espiritualidade pneumática era plausível.

Também fazem parte do contexto de tais concepções as ricamente variadas criações gnósticas de mitos de colorido cristão, cuja configuração não é possível descrever aqui, especialmente porque eles divergem uns dos outros em muitos detalhes (por exemplo, na questão de quem precisamente criou o mundo material deficiente). Para nosso contexto, é importante que nessas reinterpretações gnósticas da mensagem cristã, uma figura de Redentor (designada de diversas maneiras) desceu do mundo celeste da luz, da verdade e da abundância para o mundo das trevas, do erro e da penúria, a fim de (re)conduzir ao mundo superior as pessoas que forem receptivas ao conhecimento (gnose) salvífico.

A partir desta estrutura básica dualista, depreende--se que aqui o Jesus *terreno* e seu destino são severamente relativizados em sua importância: isto se torna particularmente evidente, por exemplo, no assim chamado *2º Logos do Grande Set*, contido nos códices de Nag Hammadi, descobertos em 1945; ali, o Redentor (Cristo), enviado por uma assembleia celeste, relata:

> Eu visitei uma morada corporal. Eu expulsei aquele que inicialmente estava nela, e entrei [...] E eu era aquele que nele estava, embora não me tenha assemelhado àquele que anteriormente nele estava. Porquanto este era uma pessoa mundana, mas eu, eu provenho do alto do céu (*Nag Hammadi* Codex VII/2 51s.).

A pessoa do Jesus terreno é, por assim dizer, deslocada e substituída pelo Cristo, que excede todos os céus, o qual, tendo em vista a crucifixão, explica em uma passagem posterior:

> Eu não morri realmente, mas [apenas] segundo a aparência [...] Fui eximido de toda ignomínia [...] Eles bateram-me [de fato] com uma cana. [Mas] foi outro que carregou a cruz sobre seus ombros, a saber, Si-

mão [ou seja, de Cirene]. Foi outro em cuja cabeça eles colocaram a coroa de espinhos. Eu, porém, rejubilei-me nas alturas [...] E ri da ignorância deles [...] (*NHC* VII/2 55s.).

De maneira semelhante, no assim chamado *1º Apocalipse de Tiago*, o Ressuscitado consola o "irmão do Senhor", Tiago, que estava muito aflito pelos sofrimentos do Senhor, com as seguintes palavras:

> Tiago, não te preocupes comigo ou com esse povo! Eu sou aquele que estava em mim. Eu nunca nem sofri de algum modo, nem fui excruciado. E esse povo não me infligiu dano algum. Esta [entidade], porém, existiu [como] uma figura dos Arcontes [isto é, dos governantes do mundo] e mereceu ser [destruída] por eles (*NHC* V/3 31).

Aqui também a figura reveladora é imune ao sofrimento; está oculta em Jesus que, como figura terrena, já não desempenha nenhum papel na redenção, mas é efêmera.

A diferença gnóstica entre o Redentor celeste e o crucificado é confirmada mais uma vez no *Apocalipse de Pedro* (*NHC* VII/3 81). Pedro narra ali a respeito de uma visão da Paixão e pergunta ao Revelador: "Quem é aquele no alto, junto à cruz, que está alegre e sorri? E é outro cujos pés e mãos eles perfuraram?" O Redentor responde: "Aquele que você vê no alto, junto à cruz, alegre e sorridente, é o Jesus vivente. Contudo, aquele em cujas mãos e pés foram batidos pregos, é sua parte carnal, que é o Substituído". Embora a figura celeste aqui se chame "o Jesus vivente", com isso não se quer indicar o ser humano Jesus, que, ao contrário, foi trocado e substituído pelo Redentor, de modo que somente seu invólucro exterior, a *sarx*, padeceu o sofrimento.

Percebemos que estas variedades gnósticas da cristologia, que podem ter surgido no século II, ou em começos do século III, retomam da tradição neotestamentária apenas a ideia da descida de um ser celeste sobre o Jesus terreno, mas, no processo, deslocam todo o sistema de coordenadas da Bíblia na direção de um dualismo radical: o Jesus terreno pertence à parte inferior do mundo, é apenas "utilizado" pelo Redentor para seu propósito (a transmissão da gnose), e sua morte na cruz aparentemente não pode ser "atribuída" à figura celestial do Redentor – em comparação com a concepção paulina e joanina, há não apenas uma ênfase diferente, mas uma clara ruptura: neste mundo conceptual, já não há espaço para uma verdadeira *kenosis* do Redentor (*até à morte na cruz*), uma encarnação real – nele, o Redentor *aparece* apenas como ser humano, razão por que tais esboços na pesquisa da história dos dogmas são frequentemente classificados como "docetismo" (cf. o grego: *dokein*/parecer).

Esta concepção docetista sofreu uma exacerbação em Marcião de Sinope (séc. II), que usou como fundamento de sua teologia um Evangelho de Lucas revisado e Cartas de Paulo expurgadas: Marcião renuncia totalmente ao Jesus terreno como "portador" ou "invólucro" externo do Redentor, pois, segundo seu ensinamento, no 15º ano do governo do Imperador Tibério, o Redentor, como "Pneuma salvífico" (*spiritus salutaris*), deslizou do céu de um Deus estranho até então desconhecido para a terra (conforme o relato de Tertuliano em *Adversus Marcionem* I 19,2), a fim de começar sua obra. Marcião havia cancelado a perícope do batismo do Evangelho de Lucas (bem como a história do nascimento de Jesus), porque o Batista João era um representante do Deus criador veterotestamentário que, para Marcião, possivelmente não poderia ser o pai de Jesus Cristo. A partir de sua mundivisão, juntamente com este Deus criador, Marcião negava também sua criação inferior, a matéria e o corpo humano decrépito, inclusive, desprezível, razão pela qual o Redentor também não assumiu verdadeira carne, mas veio ao encontro das pessoas em um "corpo aparente" (*phantasma*). Isso, no entanto, não impediu Marcião de levar a sério a morte do Redentor na Cruz, o qual, desta forma, resgatou os fiéis da maldição do Criador (conforme sua interpretação de Gl 3,13). Por conseguinte, "carne e sangue" foram excluídos, naturalmente, da redenção (Marcião reporta-se para isso – como muitos gnósticos – a 1Cor 15,50), pois somente as almas dos fiéis, transformadas em pneumáticas, ressuscitarão e alcançarão o Reino do Deus desconhecido.

O ensinamento de Marcião apresenta algumas sobreposições, mas também diferenças em relação aos esboços gnósticos, motivo pelo qual seu autor é qualificado de bom grado como "gnóstico *sui generis*". Entretanto, comum a todas estas concepções cristológicas é a distinção dualística e a avaliação conflitiva de espírito (realidade pneumática) e matéria (realidade sárquica), que nesta radicalidade não remonta a Bíblia, mas a origens extrabíblicas. Os cristãos gnósticos e os marcionitas naturalmente estavam seguros da convicção de reformular a mensagem do Evangelho em uma forma espiritualmente mais sofisticada, contemporânea ou elitista, que pudesse satisfazer às pretensões de uma visão de mundo dualista, platonicamente influenciada – o que é demonstrado pela polêmica que se encontra em muitos tratados gnósticos contra os "ignorantes" e ao mesmo tempo impacientes cristãos da Igreja.

Inversamente, a reação defensiva dos teólogos eclesiásticos, a qual estava associada à paulatina delimitação do cânone bíblico, ao estabelecimento de ministérios estáveis e às formulações da *regula fidei* (regra de fé) normativa, contribuiu, por sua vez, para a formação da identidade "da grande Igreja" e para a preservação do legado cristão-primitivo. Em face da adaptação dos gnósticos ao "espírito do tempo", no curto prazo vantajosa – o que significou definitivamente para a Igreja um desafio –, em retrospectiva, esta reação defensiva mostrou-se visionária: pois, do ponto de vista dos observadores de hoje – para os quais a imagem platônica do mundo (justamente do antigo espírito do tempo) há muito tempo perdeu sua força de persuasão –, a preocupação de que o Redentor poderia ter-se enredado demasiado profundamente nas "depressões" terrenas, no nascimento, sofrimento e morte, parece menos elitista do que mitologicamente banal – falta-lhes a visão intuitiva do Evangelho de João, a qual reconhece na existência de Jesus a Encarnação do Logos divino, e na crucifixão, ao mesmo tempo, sua exaltação e glorificação e, portanto, deseja deixar claro que a salvação que Jesus proporciona, não se limita ao autoconhecimento espiritual (no sentido da gnose), mas pode abranger e transformar toda a existência do ser humano, com todas as suas dimensões e baixios.

2.2 Pneuma como dimensão divina do Redentor

Na cristologia da Igreja primitiva, porém, o conceito de Pneuma ainda pode ser usado também de modo diferente: já tínhamos visto, no final do Capítulo I, que na fórmula confessional pré-paulina em Rm 1,3s., Jesus Cristo foi descrito *kata sarka* ("segundo a carne") e *kata Pneuma hagiosynes* ("segundo o Espírito de santidade"). Por conseguinte, são possíveis duas perspectivas em relação a Cristo: uma visa à existência terrena de Jesus, a "*sarx*"; a outra, à dimensão divina do Filho de Deus, a qual é parafraseada com a expressão "Pneuma de santidade".

Nas narrativas neotestamentárias do nascimento maravilhoso do Filho de Deus da Virgem aponta-se também para o "Pneuma Santo": o evangelista do Evangelho de Mateus escreve que Maria, ainda antes da coabitação com José, "achou-se grávida do Espírito Santo" (Mt 1,18); e quando José queria separar-se dela, o anjo explica-lhe em um sonho: "O que em Maria foi gerado vem do Espírito Santo" (Mt 1,20). Segundo o Evangelho de Lucas, o Anjo Gabriel anuncia a Maria de maneira bastante semelhante: "O Pneuma Santo" – portanto, Espírito Santo – "virá sobre ti e o poder do Altíssimo vai te cobrir com a sua sombra" (Lc 1,35). A tradição eclesial posterior relacionou tais formulações ao "Espírito Santo" que, aqui, (como o "poder do Altíssimo") substitui a intervenção criadora de Deus. Testemunhos da tradição do período do cristianismo primitivo certamente deixam entrever que esses textos podiam ser lidos também de maneira diversa, ou seja, como alusão à dimensão divino-pneumática da criança prometida.

A fórmula *ek pneumatos hagiou* ("do Pneuma Santo") retorna na Carta de Inácio de Antioquia aos Efésios: "Nosso Deus Jesus, o Cristo, foi levado por Maria no corpo, segundo o desígnio salvífico de Deus, de um lado, da descendência de Davi e, de outro, do Pneuma Santo" (IgnEph 18,2). Na mesma carta, o autor escreve sobre Jesus Cristo, o Senhor, que é "carnal *(sarkikos)* e ao mesmo tempo pneumático *(pneumátikos)*, gerado e não gerado, Deus feito carne, ...tanto de Maria quanto de Deus..." (IgnEph 7,2). A despeito da pergunta pela datação da Carta de Inácio (que ou pertence ao começo do séc. II ou – como falsificação – deve ter surgido por volta do ano 160 d.C.), o autor atesta a transformação criativa de tradições neotestamentárias como Rm 1,3s. e Mt 1,18.20: Cristo provém da descendência de Davi e do Pneuma Santo, de Maria e de Deus, Ele é a um tempo sárquico e pneumático, gerado e não gerado – estas descrições evidentemente dizem respeito à dimensão humana e à divina do Redentor.

Ao contrário do que tratavam os textos da seção anterior, a questão aqui não é que uma força ou poder celestial tenha descido *adicionalmente* sobre Jesus, mas que desde o começo podem-se constatar nele duas dimensões, duas formas de ser, a da *sarx* e do Pneuma. Afirmações semelhantes retornam, por exemplo, nas *Benedictiones Isaac et Jacob*, do exegeta Hipólito (começos do séc. III), que, de um lado, faz a bênção de Gn 49,9a-b LXX apontar para "o nascimento de Cristo segundo a carne" (*kata sarka*), "que no ventre de uma Virgem se fez carne pelo Santo Pneuma", e, de outro, para "seu nascimento de Deus segundo o Pneuma (*kata pneuma*)" (*Ben. Is. et Jac.* 16). Contanto que o autor não tenha usado aqui intencionalmente o termo Pneuma com duplo sentido, a expressão "encarnação pelo Pneuma Santo" não visa à obra "*do* Espírito Santo", mas deve ser, por sua vez, relacionada ao "elemento" divino ao qual também deve ser atribuído o nascimento procedente de Deus. Alguns capítulos depois, Hipólito usa novamente a fórmula do duplo nascimento de Cristo *kata sarka* e *kata Pneuma*, e mostra, no entanto, que ambas as dimensões do Redentor podem ser conectadas com o conceito de Logos, que o exegeta conhece do Prólogo de João: "O Logos nasceu tanto segundo o Pneuma quanto segundo a carne, visto que Ele, no entanto, é Deus e homem ao mesmo tempo" – o leitor deveria reconhecer, "que o Logos nasceu de duas entidades (*ousia*), de Deus e de uma Virgem" (*Ben. Is. et Jac.* 27). *Pneuma* e *sarx* encontram-se aqui evidentemente, como a assinatura das duas formas de ser divina e humana do Logos (encarnado).

A conexão entre a teologia do Logos e as narrativas do nascimento em Mateus e em Lucas já é atestada, antes de Hipólito, por Justino Mártir (meados do séc. II) que, em sua *1ª Apologia*, quer demonstrar o cumprimento da profecia de Is 7,16 LXX na Virgem Maria e, no caso, acentua que – diferentemente dos mitos gregos correspondentes – ninguém coabitou com a Virgem; ao contrário, a força de Deus veio sobre a Virgem e a cobriu com sua sombra..., e o anjo anunciou que ela "conceberia do Pneuma Santo"; a esse efeito, ele explica: "por Pneuma e por poder [proveniente] de Deus, não se pode entender outra coisa senão o Logos, que é o Primogênito de Deus" (*[1] Apol.* 33,4-6). Justino não mistura aqui a segunda e a terceira pessoa da Trindade (como às vezes se supôs); por "Pneuma Santo" ele não entende logo automaticamente "*o* Espírito Santo", mas a dimensão divina inerente ao Logos. Podemos observar aqui a síntese das diversas tradições neotestamentárias que, na recepção, convinha harmonizar a fim de se alcançar uma concepção adequada.

Isto é expresso explicitamente duas gerações depois em Tertuliano de Cartago, que em seu tratado (antimodalista) *Adversus Praxean*, equipara decididamente o *Spiritus Dei* de Lc 1,35 (seria exatamente: *Spiritus Sanctus*) com o *sermo* (ou seja, o Logos) e, no processo, refere-se a Jo 1,14. Ali, sob o termo "Palavra" (Logos), deve-se entender também "Espírito" (Pneuma / *spiritus*); aqui, em Lc 1,35, sob a designação "Espírito (de Deus)", novamente a "Palavra". "Pois, – assim prossegue Tertuliano – a substância da Palavra é Espírito e a atividade do Espírito é a Palavra, e ambas são um" *(Adv. Prax. 26,4)*. Caso *spiritus* e *sermo* ("espírito" e "palavra") não fossem o mesmo, João (em Jo 1,14) e o anjo da anunciação (em Lc 1,35) falariam da encarnação de duas grandezas diferentes. Isto não pode ser – a formação progressiva do cânone força a convergência de afirmações heterogêneas do Novo Testamento – e aqui, em Tertuliano, certamente na maneira como *spiritus* (Pneuma) é caracterizado terminologicamente como um *termo de substância*. Tertuliano especifica mais sua afirmação: o *Spiritus Dei* (encarnado) é, para ele, "uma parte" (*portio*) de toda a substância-*espírito* divina; e é, neste sentido, Deus, ou divino, na medida em que é da substância do próprio Deus (*adv. Prax.* 26.3.6).

Mesmo em contexto apologético, Tertuliano corrobora que os cristãos atribuem *spiritus* (Pneuma) ao Logos como substância própria; ele é denominado "Filho de Deus" e "Deus" em razão da unidade da substância; com efeito, Deus também é *spiritus* (*Apologeticum* 21,11). O versículo neotestamentário de Jo 4,24 ("Deus é espírito") é aqui compreendido explicitamente como declaração sobre a substância divina (que Tertuliano, sob influência estoica, compreende como realidade muito concreta, quase física). Em outras passagens, esta compreensão pode ser associada também a Lc 1,35: de acordo com Tertuliano, Cristo era

> Filho de Deus, do sêmen de Deus, o Pai, ou seja, [do] Espírito; a fim de também ser Filho do Homem, Ele teve de assumir carne, e certamente apenas esta, da carne de um ser humano [isto é, Maria] – sem o sêmen masculino; pois o sêmen masculino era irrelevante naquele que tinha o sêmen de Deus (*De carne Christi* 18,1s.).

No nascimento milagroso da Virgem, o sêmen masculino não desempenha nenhum papel; em seu lugar, entrou o "sêmen de Deus", o *spiritus*. Para Tertuliano, Cristo é, conseguintemente, "homem e Deus ao mesmo tempo, na medida em que Ele é carne de um ser humano juntamente com *Spiritus Dei* – carne sem sêmen de um ser humano, *spiritus* com sêmen de Deus" (*De carne Christi* 18,3). Em seguida, Tertuliano fala das "duas substâncias de Cristo, a saber, carne e também *spiritus*", para, em seguida, tirar a conclusão: "Cristo é *spiritus* a partir do *Spiritus Dei*, [isto é], Deus, nascido de Deus e, ao mesmo tempo, pessoa humana de carne humana, gerado na carne" (*De carne Christi* 18,6s.). O autor, para quem, no contexto antignóstico deste escrito, importa acima de tudo a carne humana real de Cristo, esboçou aqui a concepção de duas substâncias em Cristo, que representam sua divindade e sua humanidade, ou sua dupla descendência – um conceito teológico relativamente bastante desenvolvido.

Contudo, esta noção "substancial" de Pneuma podia também servir como auxílio de argumentação a teólogos modalistas, portanto, aos adversários de Tertuliano: Hipólito de Roma denuncia em sua *Refutatio omniu haeresium* a "heresia" do bispo romano Calisto (por quem ele foi derrotado na eleição episcopal); ele havia afirmado que Deus Pai e o Logos/Filho deveriam ser distintos apenas nocionalmente, pois "o Pneuma indiviso/indivisível (*Pneuma adiaireton*) seria [apenas] um"; daí, "o Pneuma que se fez carne na Virgem, não é nenhum outro ao lado do Pai, mas um e o mesmo" (*Ref.* IX 12,16s.). No próximo livro, Hipólito apresenta a fundamentação bíblica para esta "heresia": "Deus é Pneuma, diz-se [em Jo 4,24, mas não há] nenhum outro além do Logos ou do Logos ao lado de Deus" (*Ref.* X 27,3). Portanto, é congruente a constatação de Tertuliano de que os modalistas em torno de Praxeas (contra quem ele escreveu seu tratado *Adversus Praxean*) liam também Lc 1,35 em seu sentido, porque eles, por *Spiritus Dei*, que devia vir sobre a Virgem, e por força do Altíssimo, que deveria cobri-la com sua sombra, entendiam Deus, isto é, o próprio Altíssimo (cf. *Adv. Prax.* 26,3). A noção "substancial" de Pneuma, portanto, oferecia uma oportunidade real à preocupação modalista em preservar estritamente a unidade de Deus a fim de escapar ao perigo do diteísmo. Isto colocava novamente sob pressão teólogos como Hipólito ou Tertuliano: por certo, em todo caso, eles tomavam por base a substância divino-pneumática do

Redentor; ao mesmo tempo, porém, buscavam delinear a figura do Logos/Filho em contraste com Deus Pai.

Conforme já vimos, Tertuliano e seu contemporâneo Hipólito encontram-se, com suas correntes de pensamento, em uma linha de tradição que remonta a Justino e a (pseudo-?) Inácio de Antioquia, e encontram pontos de referência já no Novo Testamento (Rm 1,13s.; Mt 1,18.20; Lc 1,35, em conexão com Jo 4,24). Além disso, outros autores eclesiásticos famosos ainda podem ser citados, os quais atestam esta forma amplamente difusa de Cristologia Pneumatológica – a propósito, alguns exemplos:

Inácio de Lião, que conhece a obra de Justino e, por sua vez, influencia Tertuliano, discute (como este último) em sua obra *Adversus haereses* com círculos gnósticos que contestavam a realidade da Encarnação. Ele se volta contra doutrinas docetistas, segundo as quais o Redentor teria aparecido visivelmente em figura humana, sem realmente ser pessoa humana. Inácio objeta: se Cristo

> apareceu como ser humano, posto que não fosse ser humano, então não permaneceu também o que Ele era na verdade, a saber, Pneuma de Deus, pois o Pneuma é invisível. E não houve absolutamente nenhuma verdade nele, visto que Ele não era o que parecia [ser] (*haer*. V 1,2).

A disputa entre Irineu e seus oponentes não dizia respeito à forma de existência pneumático-divina de

Cristo, mas à realidade de sua humanidade. Segundo Irineu, a concepção gnóstica abandona não somente uma coisa, mas também a outra: pois como mera "aparência", o Redentor pneumático não é nenhuma pessoa humana real, mas por meio de seu "tornar-se visível", Ele perde também sua propriedade essencial originária, a invisibilidade – tal conceito parece absurdo (para Irineu).

Para ele, permanece firme a realidade de ambas as dimensões de Cristo. Assim, em sua *Demonstração da pregação apostólica* (preservada em armênio), ele pode escrever que os profetas teriam anunciado que

> a carne de Cristo proviria do tronco de Davi, a fim de que Ele [...] fosse Filho de Davi segundo a carne …, mas Filho de Deus segundo o Pneuma, uma vez que preexistia junto do Pai, nascido antes de toda a criação do mundo, e no fim dos tempos apareceu a todo o mundo em figura humana, pelo que a Palavra de Deus [o Logos] consumou tudo em si, o que está no céu e sobre a terra (*Epideixis* 30).

A fórmula *kata sarka – kata Pneuma* (segundo a carne – segundo o Espírito), que aqui deve ser presumida em grego, é emprestada de Rm 1,3s.; diferentemente, porém, de Paulo, novamente está ligada à teologia do Logos, de modo que aqui os termos *sarx* e Pneuma indicam a dimensão humana e divina do Logos encarnado.

Não apenas em Roma, Lião e Cartago, mas também em Alexandria encontramos esta figura de pensamento em uma afirmação de Clemente de Alexandria (cerca de 200 d.C.), que em seu *Paedagogus* pode dizer que o Senhor Jesus – ou seja o Logos de Deus – seria Pneuma que se torna carne (*Paed.* I 43,3). Todos os exemplos apresentados demonstram as primeiras tentativas primitivas de teólogos eclesiásticos de compreender conceitualmente a divindade e a humanidade do Redentor, do Logos encarnado – neste processo, sarx e Pneuma servem, de certa maneira, como variável para a "doutrina das duas naturezas", de teólogos posteriores.

Por conseguinte, possivelmente também se ilumina uma fórmula de confissão cristológica que foi transmitida na Oração Eucarística, a assim chamada *Traditio Apostolica*, de uma constituição eclesial cujo conteúdo básico deveria remontar à virada do século III. Na ação de graças por Cristo, diz-se ali: "Tu [isto é, Deus] enviaste-o do céu para o ventre da Virgem; trazido no corpo, encarnou-se e provou ser Teu Filho, nascido do Espírito Santo e da Virgem" (*Trad. Ap.* 4) – colocando-se o presumido original grego (*ek pneumatos hagiou kai tes parthenou*) no contexto da história dos dogmas acima descrito, então esta cláusula não deve ser estimada necessariamente como acréscimo posterior (como às vezes se pressupõe); em vez disso, ela insere-se em determinada época na qual o nascimento de Cristo "do Pneuma Santo e de uma Virgem" era considerado como perífrase da constituição divino-humana do Redentor.

Se esta pressuposição estiver correta, então conservaram-se vestígios de tal cristologia pneumatológica durante muito tempo e no Oriente grego até nosso tempo (ainda que, hoje, na maioria das vezes já não sejam reconhecidos como tais): porque a fórmula *"que foi gerado do Pneuma Santo e de Maria, a Virgem"* não se encontra apenas em uma confissão do controverso Bispo Marcelo de Ancira (cf. KELLY, 1993, p. 106), que ele, no ano 340, apresentou para sua justificação diante de um sínodo romano (que também a aprovou); ela encontrou também acesso ao Credo do Concílio de 381 em Constantinopla (DH 150), que 70 anos depois, no Concílio de Calcedônia, foi aceito pela Igreja em geral. A respeito do Senhor Jesus Cristo, Filho Unigênito de Deus, afirma que Ele "desceu dos céus e encarnou-se do Pneuma e Maria, a Virgem (*ek pneumatos hagiou kai Marias tes parthenou*) e se fez pessoa humana". A recensão latina do Credo, que entrou no *Missale Romanum* e, hoje, é também vinculativa para a edição alemã do "Grande Credo", modificou este conceito cristológico quando diz ali (traduzido literalmente): Ele "[...] encarnou-se pelo Espírito Santo da Virgem Maria [...] (*et incarnatus est de Spiritu Sancto ex Maria virgine*)". A mudança das preposições *de* e *ex* sugere a recondução da Encarnação "da Virgem" à "obra do Espírito Santo" – uma interpretação que também domina a exegese atual de Mt 1,18.20 e Lc 1,35, e, de certa forma, corrige de maneira trinitária a cristologia pneumatológica dos séculos II e III.

O fato de esta forma de cristologia pneumatológica ter perdido sua força de persuasão poderia estar relacionado também à objeção de Orígenes (primeira metade do séc. III) contra a exegese insuficiente de Jo 4,24, que a concepção filosoficamente (acima de tudo estoicamente) influenciada de uma substância--Pneuma alimentou: em seu tratado sistemático *De principiis* (aqui, *princ.* I 1,1-5), Orígenes tratou deste versículo que, para ele, quer expressar a incorporeidade de Deus, portanto, não visa precisamente a um "substrato" concreto da divindade: ele defende que afirmações como Deus sendo fogo devorador (Dt 4,24), Pneuma (Jo 4,24) ou Luz (1Jo 1,5), no geral devem ser interpretadas em sentido metafórico, o que satisfaz não apenas sua inclinação para a exegese alegórica, mas também é justificado objetivamente, porque, no caso, o potencial metafórico dessas afirmações é (re) descoberto. O termo "Pneuma", no caso, deve expressar particularmente o oposto à corporalidade, o que se torna plausível no contexto de Jo 4,20-24. Desse modo, Orígenes transforma a afirmação "Deus é Pneuma", de certa maneira, em afirmação de uma teologia negativa: "Deus é incorpóreo, ou seja, transcendente", pelo que, naturalmente, também especulações cristológicas sobre o ser-Pneuma do Redentor no sentido de uma "substância" divina se tornam obsoletas. Significativamente, Orígenes não retoma tais especulações em sua obra, mas volta-se para outros questionamentos cristológicos.

3

A pergunta pela alma de Cristo

Nas concepções cristológicas até agora discutidas, falou-se frequentemente de *sarx* sempre que se fez referência à realidade humana de Jesus. Isso corresponde perfeitamente ao uso linguístico bíblico, segundo o qual *sarx* e *psyche* não devem ser de antemão compreendidas como um par antropológica de opostos (por exemplo, "corpo e alma"), mas como duas designações que indicam a *totalidade* humana, as quais, respectivamente, dão destaques diferentes: *sarx* conota, no caso, a efemeridade, a fraqueza terrena, e também o pendor à tentação do ser humano, ao passo que *psyche* caracteriza antes a pessoa humana como ser vivente, vital e emocional. No contexto cultural do helenismo que dominava o ambiente cristão, certamente vigoravam modelos antropológicos que eram moldados de maneira dicotômica (segundo o esquema: "corpo – alma") ou tricotômica ("corpo – alma – espírito"). Em seus escritos, o próprio Paulo utiliza – reconhecidamente apenas uma única vez – uma fórmula tripartida em um augúrio de bênção para o "pneuma e a alma e o corpo (soma) dos fiéis" (1Ts 5,23), cujo significado, por certo, é controversamente discutido.

Em todo caso, não se tinha certeza do que os primeiros cristãos entendiam por *sarx*, de que se falava no contexto da Encarnação do Salvador (por exemplo, em Jo 1,14): referia-se ao ser humano Jesus terreno como um todo ou especialmente à sua "carne", seu corpo como componente antropológico? E se se devesse admitir este último, o que se deveria, em seguida, pensar a respeito da alma de Jesus? Também a partir de tais incertezas conceituais resultam os diversos modelos de pensamento cristológicos com que nos deparamos ao longo da história do dogma – os textos neotestamentários que se tornaram o fundamento para a reflexão teológica não davam nenhuma resposta clara a tais perguntas, mas ofereciam ensejo para outras hipóteses que primeiramente tiveram de ser discutidas ou avaliadas.

A respeito da alma de Jesus, fala-se mui casual e discretamente na obra de Irineu de Lião (final do séc. II), e não é nenhum acaso que, ao fazê-lo, trata-se novamente da real Encarnação do Salvador, que o bispo quer defender contra os gnósticos:

> Não há quem não admita – escreve ele – que nós (isto é, o ser humano em si) somos feitos de corpo tirado da terra e de alma que recebe de Deus, o Espírito. E é isso [!] que se tornou o Verbo de Deus ao recapitular em si mesmo a obra plasmada, e é este o motivo pelo qual se declara "Filho do homem" (*Adversus haereses* III 22,1).

A fim de realizar a "recapitulação", ou seja, o feliz restabelecimento e a salvação do ser humano decaído (uma ideia predileta de Irineu, inspirada em Ef 1,10), o Verbo teve de tornar-se justamente o que o ser humano é segundo a natureza: corpo e alma, a qual é dotada com o Espírito (divino). Portanto, deve-se insistir, por assim dizer, de passagem, que o Verbo encarnado possuía também uma alma humana – uma implicação que deveria igualmente dizer respeito à afirmação do *Praefatio Adversus haereses* V, segundo o qual o Verbo de Deus "se fez o que nós somos para nos elevar ao que Ele é". Irineu corrobora esta perspectiva soteriológica logo em seguida quando escreve:

> *É pelo seu próprio sangue que o Senhor nos resgatou e deu a sua alma pela nossa alma e sua carne pela nossa carne; efundiu o Espírito do Pai para operar a união e a comunhão de Deus e dos homens, fazendo descer Deus até os homens pelo Espírito e elevando os homens até Deus pela sua* Encarnação (*haer.* V 1,1).

Cristo ofereceu sua alma e seu corpo por nossa salvação; e, por essa razão, a salvação, que se realizou na Encarnação e na Paixão, diz respeito também a toda a pessoa humana, e não somente a seu "núcleo de essência interior", que deveria ser libertado deste mundo mau, como era o ensinamento dos gnósticos a que Irineu se refere:

> A gnose é [segundo a concepção deles] salvação do homem interior. Esta salvação não é nem somática, pois o corpo é corruptível, nem psíquica, pois a alma também provém da decadência e é apenas a morada do espírito; ela é, pois, necessariamente pneumática. De fato, por meio da gnose o homem interior, pneumático é redimido[...] (*haer*. I 21,4).

No contraprojeto soteriológico de Irineu, certamente não há nenhuma ênfase particular sobre o discurso a respeito da "alma de Cristo", mas ela está implícita na plena correspondência entre Salvador e redimidos, a que Irineu, tendo em vista o pensamento da recapitulação (cf. acima), atribui tão grande valor.

O posicionamento frontal contra os gnósticos motivou também Tertuliano de Cartago a ocupar-se da alma de Cristo uma geração depois. Em contraposição às complicadas construções gnósticas da figura do Salvador, Tertuliano acentua: "Encontramos [escrito] que, em Cristo, a alma e a carne são determinadas com vocábulos simples e francos, ou seja, a alma como alma e a carne como carne" (*De carne Christi* 13,4). O próprio Cristo denominou diferentemente cada uma de suas substâncias quando disse: "Por que minha alma está triste até a morte?" (Mt 26,38) e "O pão que eu darei é minha carne para a vida do mundo" (Jo 6,51). "Visto que Ele [...] distingue ambos os tipos, carne e alma, mostra que são duas" (*carn*. 13,5). Do mesmo modo que Irineu, Tertuliano também associa uma preocupação soteriológica à alusão à alma de Cristo: para ele, "a fim de tornar a alma salva (*salvam*), Cristo assumiu em si mesmo uma alma porque ela não seria salva a não ser por Ele, na medida em que [estava] nele" (*carn.* 10,19). E, em seguida, ele insiste energicamente sobre a correspondência que – por causa do Salvador – deve existir entre nossas almas (humanas) e a alma de Cristo (cf. *carn.* 10,2-4).

Sem dúvida, foi o desafio representado pela cristologia gnóstica que forçou Tertuliano (como anteriormente Irineu) a atentar para a diferenciação do corpo e da alma em Cristo, pois, em si, na maioria das vezes, basta-lhe falar de *spiritus* e *caro* como os dois códigos para a divindade e a humanidade de Cristo (cf. acima). Contudo, justamente porque os gnósticos não compreendem nem a carne nem a alma de Cristo como realmente humanas, Tertuliano deve insistir sobre a realidade distinta de *caro* e *anima* em Cristo – de resto, uma bela prova de que os esboços teológicos alternativos ("heresias") contribuem significativamente para o progresso da reflexão eclesial.

Tertuliano chega a falar ocasionalmente da alma de Cristo também em outros escritos, por exemplo, quando ele, em *Adversus Praxean* 30,1s., identifica o grito de Jesus na cruz: "Meu Deus, meu Deus, por que me abandonaste?" (Mt 27,46) como "exclamação da carne e da alma, ou seja, do ser humano, não do *sermo* [Verbo] e do *spiritus*, ou seja, não de Deus" (*Adv. Prax.* 30,2) – a pergunta posterior, a respeito de a que "natureza" as palavras do Salvador no Novo Testamento deveriam ser respectivamente atribuídas, já é aqui antecipada. Em *De resurrectione mortuorum* 34,10, mais uma vez Tertuliano quer assegurar a salvação do homem *todo* quando acentua que Cristo não queria que nada do que Ele próprio revestira se perdesse, o ser humano, ou seja, "o 'tecido' de carne e alma (*carnis animaeque texturam*)".

Em Irineu e, mais claramente ainda, em Tertuliano, a conexão da questão cristológica em sentido estrito com a soteriologia começa a desempenhar um papel importante. Precisamente daí resulta um axioma de longo alcance na história e de influência na teologia de Orígenes de Alexandria/Cesareia: no *Diálogo com Heráclides* – surgido provavelmente por volta de 244 d.C., que reproduz discussões teológicas de Orígenes com alguns bispos – entre outras coisas, trata da questão de como se deve imaginar a morte e a Ressurreição de Jesus Cristo. Incialmente, Orígenes evoca à memória a afirmação tricotômica de Paulo em 1Ts 5,23 para a constituição do ser humano de pneuma, alma e corpo antropológicos (cf. acima), a fim de, em seguida, transferir para Cristo, que é explicado a seguir (o corpo jazeu no túmulo, a alma viu-se no reino dos mortos, já o pneuma humano, segundo Lc 23,46, Jesus havia entregado ao Pai).

> Nosso Salvador e Senhor [...] queria redimir o corpo tanto quanto queria, de igual modo, redimir também a alma; e Ele queria também redimir o outro [componente]

> do ser humano, o pneuma. Contudo, o ser humano não seria redimido como um todo, caso Ele não tivesse assumido o ser humano por inteiro. Aqueles que chamam o corpo do Salvador de pneumático, aniquilam a salvação do corpo; aniquilam [igualmente] a salvação do pneuma [humano]. Uma vez que Ele queria redimir o pneuma do ser humano, [...] assumiu também pneuma humano. Esses três [a saber, corpo, alma e pneuma humano] foram separados no tempo do sofrimento; estes três foram [re]unidos no tempo da ressurreição [...] (*Dial.* 7).

No pano de fundo desta apresentação se encontram evidentemente uma vez mais dúvidas sobre a realidade material do corpo de Cristo, as quais Orígenes procura dissipar. O passo argumentativo decisivo, no caso, é a constatação de que a salvação do ser humano inteiro, compreendido de maneira tricotômica, exige a admissão do ser humano inteiro, com corpo, alma e espírito humano por parte do Salvador. Neste caso, não há nenhuma ênfase especial sobre a alma de Cristo – segundo o modelo antropológico subjacente, ela pertence apenas, obviamente, ao Salvador como seu corpo e espírito. Mais decisivo é o pensamento de que somente a integridade da humanidade, que o Salvador assumiu, pode também garantir a salvação de todo o ser humano.

Em outro contexto, porém, Orígenes atribui à alma de Cristo um papel especial no evento da salvação, pois como teólogo filosoficamente treinado, compartilha as ponderações daqueles que consideram impossível a ligação imediata da divindade com a matéria bruta: no Salvador, "a substância da alma intermediou entre Deus e a carne", escreve ele em seu tratado sistemático *De principiis* (cerca de 225 d.C.):

> pois sem [tal] mediação, a natureza de Deus não podia unir-se a um corpo. Assim, portanto, [...] nasceu o Homem-Deus porque aquela substância da alma assumiu a posição intermediadora para a qual não era absolutamente contrário à natureza assumir um corpo. E, por outro lado, para aquela alma, na medida em que é uma substância espiritual, também não é nenhuma condição antinatural assumir Deus em si (*princ.* II 6,3).

A alma que, segundo Orígenes, é, ela mesma, *logikos* (da mesma natureza do *Verbo*/espiritual/intelectual), representa, portanto, a ponte indispensável entre o Verbo divino e o corpo humano.

Esta fundamentação ontológica para a necessidade de uma alma humana em Cristo poderia ter dado à concepção de Encarnação da Igreja Primitiva um impulso mais duradouro, se Orígenes não a tivesse inserido, em seu esboço sistemático, na doutrina da preexistência de todas as almas (que foi recusada pela Igreja): segundo tal doutrina, antes da criação do mundo, todos os seres espirituais (grego: *logika*) teriam sido completamente semelhantes uns aos outros; no entanto, não eram imutavelmente bons (como Deus), mas, em diferentes graus, afastaram-se de Deus que, em certa medida, "interceptou-lhes" a queda mediante a criação do mundo material, no qual os *logika* – cada um segundo a profundidade de sua "queda" – agora continuavam a existir como anjos, seres humanos ou demônios. Um único ser racional não tomou parte no declínio e na queda dos demais *logika*, mas aderiu desde o começo ao Verbo divino em um amor tão íntimo, que esse amor, que originalmente era dependente de sua livre-decisão, mediante o efeito de longo hábito, tornou-se sua própria natureza (cf. *princ.* II 6,5), o que Origem ilustra com um pedaço de ferro que fica no fogo por tanto tempo, até que ele mesmo se torna incandescente (cf. *princ.* II 6,6). Este ser racional, que está ligado profundamente ao Verbo, desce voluntariamente ao cosmo e une-se – como alma de Cristo – a um corpo terreno, a fim de conduzir os remanescentes seres racionais para o caminho para Deus. Aquilo que aconteceu às demais almas em razão de sua queda pré-cósmica, a alma de Cristo o assume sobre si mesma por causa da salvação – a rigor, em Orígenes, é melhor, portanto, falar da encarnação da alma de Cristo, mesmo que essa alma, também na terra, esteja na mais íntima comunhão com o Verbo. Por conseguinte, é apenas consequente quando Orígenes, em *De principiis* IV 4,5, apresenta a tese segundo a qual o hino da Carta Paulina aos Filipenses poderia ser relacionado à *alma de Cristo* que originalmente estava na forma de Deus, mas esvaziou-se e assumiu a forma de um escravo (cf. Fl 2,6s.). Segundo Orígenes, vale também considerar que a presença do Verbo onipresente no mundo não se deixa limitar a Jesus (cf. *princ.* IV 4,2-4). Tanto mais que o Verbo está presente da mesma forma nos anjos e nos santos, obviamente em diferentes graus. A alma de Cristo, porém, distingue-se pelo fato de que "ela, como única entre todas as almas, era imune ao pecado, visto que era inteira e completamente receptiva para o Filho de Deus" (*princ.* IV 4,4). Por conseguinte, a presença do Verbo em Jesus Cristo seria diferente de sua presença nos demais seres espirituais somente mediante uma intensidade singular, que não é obscurecida por nada.

Esta doutrina da descida de Cristo da transcendência ao cosmo deve ser vista em conexão com a imagem de mundo de Orígenes, a qual era influenciada pelo mito platônico das almas (no diálogo Fedro) – no contexto tradicional eclesiástico teve de deparar-se com incompreensão. Mais tarde, o autor de *De principiis* foi censurado por causa deste ensinamento. Isto é atestado por volta do ano 400 d.C. pelos patriarcas alexandrinos Teófilo e Jerônimo (cf. *Epístula* 92,4. *In*: ORÍGENES, 1976, p. 798s., 749s.); e em uma lista de 15 anatematismos que surgiram no contexto do V Concílio Ecumênico de Constantinopla (553 d.C.), além da preexistência das almas, foi também condenada a doutrina da Encarnação de Orígenes (nº 7s.; cf. ORÍGENES, 1976, p. 826-829); especificamente, no caso, menciona-se também a interpretação de Fl 2,6s. esboçada e explicada acima, segundo a qual o próprio Deus-Verbo (e não a alma de Cristo) é que se esvaziou e tornou-se ser humano.

É questionável até que ponto essa crítica a Orígenes (que, em suas obras, reiteradamente reconhece a obra do Verbo em Jesus Cristo) foi inteiramente justa. Contudo, em razão da moldura mitológica na qual ele havia adaptado a ideia da Encarnação, estava também desacreditado, em certa medida, o discurso sobre a alma humana de Cristo: poder-se-ia ter a impressão de que se reduz drasticamente a importância do Verbo em Cristo – no sentido de uma ligação geral com Deus, ainda que particularmente intensiva – e, portanto, contradiria a fé na verdadeira Encarnação do Verbo.

Enquanto o conhecedor de Orígenes, Pânfilo de Cesareia († 310 d.C., como mártir), em uma passagem concisa de sua apologia defende o reverenciado teólogo porque ele havia dito que o Salvador também assumiu uma alma que, no entanto, já estava mencionada no Novo Testamento (cf. *Apologia pro Origene* 121), o aluno de Pânfilo, Eusébio de Cesareia, ignora a alma de Cristo em suas obras, embora ele, por sua vez, fosse um entusiasmado discípulo de Orígenes. A razão para isso é revelada em um parágrafo da *Ecclesiastica theologica* de Eusébio que, nela (por volta de 337 d.C.), volta-se contra a doutrina trinitária de Marcelo de Ancira, que abrangia o Pai, o Verbo e o Espírito como uma única pessoa divina, ou seja, hipóstase (realidade autônoma). Para Eusébio, com isso Marcelo fica devendo uma explicação fidedigna para a Encarnação do Salvador, pois para isso haveria, teoricamente, apenas quatro possibilidades: "Ou o próprio Pai deveria estar na carne, ou o Filho, que existe por si e age no corpo, ou a alma de um homem, ou, se nada disso [se aplicasse], então a carne, que seria sem alma e sem razão, mover-se-ia automaticamente" (*Eccl. theol.* I 20). A primeira tese (que Eusébio imputa a Marcelo), decorreria da heresia modalista de Sabélio; a segunda, que pressupõe a autonomia do Verbo, Eusébio considera correta, ao passo que a quarta, por sua vez, seria completamente absurda.

Em nosso contexto, é importante como Eusébio avalia a terceira possibilidade: neste caso, o Salvador seria "um mero ser humano, constituído de corpo e alma, de modo que Ele, em nenhum aspecto se diferenciaria da natureza humana em geral. Mas o dogma da Igreja rejeitou também esta [tese]", pois isso os ebionitas (judeu-cristãos) teriam defendido antigamente e, em tempos recentes, também Paulo de Samósata (condenado como herege) (cf. *Eccl. theol.* I 20).

Eusébio descreve sua própria posição da seguinte maneira: "Se o Verbo, enquanto habitou na carne ..., estava fora do Pai – viveu, existiu autonomamente e moveu a carne à maneira de uma alma –, então ele era evidentemente outro ao lado do Pai e havia duas hipóstases: Ele mesmo e o Pai" (*Eccl. theol.* I 20). Para o autor, portanto, parece inimaginável que no corpo, isto é, na carne do Salvador atuavam o Verbo e uma alma humana; ele vê aqui apenas um ou-ou. Eusébio eviden-

temente não adotou a complexa concepção de Orígenes da alma de Cristo intimamente ligada ao Verbo.

Esta "informação falha" pode ser considerada como
sintomática, pois pelo século IV em diante, a alma de
Cristo praticamente não desempenha nenhum papel na
discussão teológica.

4

As controvérsias cristológicas do século IV

4.1 A disputa em torno do arianismo

O século IV foi marcado pela (intensificada) disputa em torno da doutrina trinitária que o presbítero Ário de Alexandria havia desencadeado. Essa disputa levou ao Concílio de Niceia, no ano 325 d.C., que obviamente não pôde pôr fim às discussões (como, entre outras coisas, atesta-o a anteriormente mencionada discussão entre Marcelo de Ancira e Eusébio de Cesareia). Elas determinaram as décadas subsequentes até que, por volta do final do século, a ortodoxia (neo)nicena se impôs como norma da fé.

Em virtude da virulência desta controvérsia, facilmente se negligencia que – estreitamente ligada a ela – também a questão cristológica, em sentido estrito, desenvolveu-se até um ponto de disputa mais amplo. Isso podia estar relacionado ao fato de que a primeira geração dos "arianos" ainda não havia expressado especificamente sua concepção de encarnação, mas a introduzira de maneira indireta como argumento no debate teológico-trinitário.

O pertinaz adversário da doutrina arianista, o Bispo Atanásio de Alexandria, em seu terceiro *Oratio contra Arianos* (antes de 342 d.C.), refere a figura de argumentação dos arianos que, com o auxílio de textos neotestamentários, procuravam provar que o Verbo encarnado não poderia ser verdadeiro Deus: caso tivesse sido verdadeiro Deus, então não poderia ter dito que alguma coisa lhe fora transmitida pelo pai (por exemplo, *"todo poder"*: Mt 28,18; ou *"o julgamento"*: Jo 5,22; ou *"tudo"*, de modo geral: Lc 10,22; e assim por diante); "pois se Ele fosse Filho [de Deus] por natureza, não teria necessidade de receber algo" (*Or.* III 26). Ademais, como Ele poderia pedir ao pai que o salvasse (cf. Jo 12,27) ou que permitisse que o cálice passasse dele (cf. Mt 26,39)? Como Ele podia estar conturbado no espírito (cf. Jo 13,21), crescer em sabedoria (cf. Lc 2,52) ou perguntar algo a outras pessoas (cf. Mt 16,13; Jo 11,34 e Mc 6,38)? Como pôde Ele exclamar na cruz: "Meu Deus, meu Deus, por que me abandonaste?" (Mt 27,46)? Como pôde Ele orar e pedir algo ao Pai (cf. Jo 12,28 e 17,5), e como pôde admitir seu não saber (Mc 13,32)? Todas estas passagens bíblicas se contrapõem à concepção de que o Verbo Encarando seja divino como o Pai (cf. *Or.* III 26). Certamente, nesta argumentação, pressupõe-se tacitamente que o Verbo é sujeito de todas estas afirmações e não, por exemplo, um eu humano, a "alma de Cristo". De fato, somente assim se alcança a meta ariana de provar que este Verbo não pode ser verdadeiro Deus, mas apenas uma das criaturas (mutáveis, carentes e imperfeitas).

É, pois, esclarecedor como Atanásio reage a esta argumentação: ele remete aos textos da Encarnação Jo 1,14 e Fl 2,6-8 (cf. *Or.* III 29) e enfatiza: "'O Verbo[...] encarnou-se e habitou entre nós' (Jo 1,14). Entretanto, Ele tornou-se homem (*anthropos... gegone*) e não veio em um homem (*ouk eis anthropon elthe*)", como seria o caso de outros santos ou dos profetas. E aqui, fazendo referência a Joel 2,28 LXX e a Bel et Draco Θ'5 (em grego, *Apêndice ao Livro de Daniel*), Atanásio acrescenta uma importante regra hermenêutica: "A Escritura tem o hábito de chamar o homem de 'carne'" (*Or.* III 30). Por isso, pode-se dizer que o Filho de Deus *"assumiu 'carne' e tornou-se homem"* (*Or.* III 31). A *human*idade do Verbo é a chave para a compreensão dos textos escriturísticos problematizados; no entanto, Atanásio (também) evita falar de uma alma humana de Cristo; ele atribui todas as fraquezas humanas à "carne" de Cristo, que funciona como código para sua humanidade: o Verbo

> utilizou seu corpo como instrumento [...] Por isso, aquilo que é próprio (da carne), é dito dele [...] como a fome, a sede, o sofrimento, o cansaço e semelhantes, a que carne está exposta [...] O Verbo suportou as fraquezas da carne como próprias; portanto, a carne pertencia-lhe. E a carne serviu à obra da divindade, porque esta estava nele; pois a Deus pertencia o corpo (*Or.* III 31).

Pouco depois disso, Atanásio completa:

> Convinha que o Senhor, quando revestiu a carne humana, revestisse-a como um todo, juntamente com os sofrimentos próprios, a fim de que, como dizemos, que o corpo lhe é próprio, também os sofrimentos do corpo sejam atribuídos somente a Ele como próprios, embora eles, no que tange à sua divindade, não [o] afetassem. Se o corpo, portanto, pertencesse a outrem, os sofrimentos também seriam atribuídos a ele; se, no entanto, a carne pertence ao Verbo – pois o Verbo se fez carne –, então os sofrimentos da carne são necessariamente atribuídos àquele a quem a *sarx* também pertence (*Or.* III 32).

Sob os "sofrimentos da carne", Atanásio inclui todas as fraquezas de Cristo que os arianos haviam colocado em jogo. Com efeito, se na Primeira Carta de Pedro se diz que Cristo sofreu na carne por nós (cf. 1Pd 4,1), então, com razão, pode-se dizer que Cristo

> por nós na carne sente fome e sede; [...] por nós na carne admite seu não saber e é espancado, por nós na carne se cansa, [...] nasce e cresce [em sabedoria], tem medo e oculta-se [...] Portanto, ninguém deve sentir desagrado pelas [fraquezas] humanas, mas, ao contrário, reconhecer que o próprio Verbo, segundo sua natureza, é imune ao sofrimento e que, no entanto, por causa da carne que Ele havia revestido, [tudo] isto é dito sobre Ele, porque isto era

> inerente à carne, mas o próprio corpo pertence ao Salvador. Por natureza, imune ao sofrimento, Ele permanece mesmo como é, não sofre em [tudo] isso nenhum dano, mas aniquila-o e destrói-o (*Or*. III 34).

Desse modo, a concepção de Encarnação alexandrina já está esboçada em seus traços fundamentais: com a "carne" humana (que é entendida em sentido antropológico amplo), o Verbo divino assumiu o que pertence à humanidade e adotou-o. As fraquezas humanas podem ser atribuídas a Ele. Aqui Atanásio já representa uma forma da assim chamada "comunicação dos idiomas, dos atributos", em que ele relaciona as propriedades humanas (grego: *idiomata*) ao sujeito do Verbo divino, razão por que ele (por exemplo, em *Or*. III 33) pode também caracterizar Maria francamente como "portadora de Deus" (*theotokos*). No entanto, estas fraquezas não afetam a natureza divina como tal. Mas sua assunção pelo Verbo tem sentido soteriológico – uma ideia que Atanásio desenvolve e aqui resume: "Como o Senhor, mediante a assunção do copo, tornou-se homem, assim também nós, homens, seremos assumidos e divinizados pelo Verbo em sua carne e herdaremos desde então a vida eterna" (*Or*. III 34). Em Atanásio, nada lemos a respeito de uma alma de Cristo – ele não a nega (quando muito ele quer excluir que o corpo de Cristo pertença "a outrem"; cf. acima), mas ele não a menciona com nenhuma palavra. O que nós descreveríamos como "emoções da alma", nele vem indicado com o código "carne" ou "corpo".

Os arianos, por sua vez, certamente atribuem de novo ao Verbo tais fraquezas e necessidades humanas, mas isto em sentido próprio: são as fraquezas e necessidades muito próprias *do Verbo*, que provam sua inferioridade em relação ao verdadeiro Deus, o que é propriamente a preocupação da argumentação ariana. O fato de que, assim, seja negada a alma humana de Cristo e deva ser negada porque o Verbo entra no lugar dela e assume-lhe as funções, esta visão é explicitamente formulada pelos arianos da próxima geração.

Um de seus mais proeminentes representantes era Eudóxio († cerca de 370 d.C.), a quem a carreira de bispo de Germanicia, na atual Turquia, em 358, levou à metrópole síria de Antioquia e, finalmente, em 360, à sede episcopal de Constantinopla. Em uma coleção de fontes da segunda metade do século VII, a *Doctrina patrum de incarnatione verbi*, é-lhe atribuída uma confissão de fé (cf. HAHN, 2005 § 191), que nega inequivocamente uma alma humana em Cristo: aqui se declara a respeito de um

> único Senhor, o Filho, que Ele se fez carne (*sarkothenta*), não assumiu [porém] a existência em um ser humano (*ouk enanthropesanta*); pois Ele não assumiu uma alma humana, mas fez-se carne, a fim de que, mediante a carne, como que por meio de uma cortina, Deus entrasse em contato conosco, seres

humanos; não [havia] duas naturezas, visto que Ele não era um ser humano perfeito, mas no lugar da alma [estava] Deus na carne. Uma natureza [era] o todo no sentido de uma composição (*kata synthesin*). [Ele era] passível de sofrimento em favor da ordem da salvação; de fato, Ele não podia salvar o cosmo se uma alma ou um corpo sofressem.

E a conclusão ariana desta argumentação, que é o que importa, finalmente, é: "Como pode aquele que é passível de sofrimento e é mortal, [...] ser consubstancial (*homoousios*) a Deus que é superior a isso?!"

A última observação permite reconhecer que Eudóxio voltou-se veementemente contra o Símbolo do Concílio de Niceia antiariano (325 d.C.), que havia confessado a consubstancialidade do Filho com o Pai. A meta da declaração encarnatória é refutar isso, que o próprio "Deus na carne" era passível de sofrimento e morreu, o que naturalmente o distingue do "verdadeiro Deus". Curiosamente, o bispo ariano aproxima-se de seu adversário niceno, Atanásio, na preocupação soteriológica de ver a salvação do mundo garantida pelo fato de a Paixão e a morte de Cristo serem atribuídas ao Filho de Deus (ao Verbo) – apenas com a diferença de que, para Atanásio, o sofrimento não toca propriamente a natureza do Deus Verbo, enquanto a capacidade de sofrer é, para Eudóxio, precisamente a característica de sua natureza e, assim, torna impensável uma consubstancialidade entre Filho e Pai.

Ainda em outro ponto, menos notável, distingue-se a confissão de Eudóxio do Símbolo Niceno: ali se disse do Filho de Deus, que Ele, "por nós, homens, e para nossa salvação, desceu e se encarnou (*sarkothenta*), assumiu a existência em um ser humano (*enanthrope-santa*), padeceu e ressuscitou [...]" Eudóxio, ao contrário, fala apenas da *Encarnação* do Filho, mas nega decididamente a concepção de que este tenha assumido a *existência em um ser humano*. O encarnado não era absolutamente um ser humano perfeito (pois, do contrário, seria possível, ou seja, seria devido atribuir o sofrimento e o morrer ao ser humano e não mais ao Filho de Deus, e a argumentação ariana cairia no vazio). Aqui se torna mais claro que a concepção de Encarnação entre os arianos encontra-se a serviço de sua teologia trinitária. Inversamente, não se pode certamente imputar ao Símbolo Niceno que ele, com suas formulações, queria forçar determinada ideia de Encarnação – isto não faz parte das preocupações originais do concílio. Contudo, deu às concepções cristológicas dos nicenos posteriores um importante impulso pelo caminho.

Ocasionalmente, na pesquisa, põe-se em dúvida a atribuição da confissão de fé citada a Eudóxio de Constantinopla. Que ela, entretanto, reproduza adequadamente a cristologia ariana (mais desenvolvida) segundo a tendência, confirma-o um texto de Gregório de Nissa que refuta uma confissão de fé do neoariano Eunômio de Cício, do ano 383 d.C. (*Refutatio confessionis Eunomii*) e, no caso, trata não somente de sua doutrina trinitária, mas também da questão cristológica em sentido estrito: ele cita, em particular, a afirmação de Eunômio de que o Senhor "no fim dos dias tornou-se homem (*genomenon anthropon*), pelo que [certamente] não assumiu o homem [composto] de alma e corpo". Em contraposição, Gregório enfatiza que em toda a Sagrada Escritura, ele não encontrou nenhuma passagem segundo a qual "aquele que criou o universo, no momento em que a salvação que diz respeito ao homem foi realizada, tenha assumido em si apenas a carne, sem a alma". E argumentava:

> O Senhor veio para buscar e salvar o que estava perdido; perdido, porém, não estava [somente] o corpo, mas o homem inteiro, que é uma mistura de alma e corpo; e, se ainda se deve falar conforme a verdade, então a alma estava perdida ainda antes do corpo. De fato, a desobediência é um pecado da livre-escolha, não do corpo; as [capacidades para a] livre-escolha, porém, são propriedade da alma; a partir dela, a perdição de toda a natureza [humana] teve seu começo (*Ref. conf. Eunomii* 172-174).

Gregório também relaciona a parábola da ovelha perdida (Lc 15,4-6) à salvação do homem pela Encarnação do Salvador, e enfatiza que "o pastor coloca a ovelha inteira sobre os próprios ombros, e não apenas a pele da ovelha, a fim de, assim, tornar perfeito o homem de Deus, que pela alma e pelo corpo foi 'misturado' à divindade" (*Ref.* 175). Em conclusão desse argumento soteriológico, Gregório refere-se ainda a uma falha hermenêutica dos (neo)arianos, "que apresentam a afirmação do Evangelho 'o Verbo se fez carne' (Jo 1,14) a fim de, a partir do fato de que [aqui] a alma não é também mencionada, construir sua própria concepção, de que a carne foi assumida sem alma (*apsychon*). Eles deveriam aprender" (*Ref.* 180), postula Gregório, "que para o Espírito Santo é algo familiar em uma parte [aqui: na carne] abranger o todo" [isto é, o homem com corpo e alma] – uma regra hermenêutica para a qual Atanásio já chamara a atenção.

Além de Gregório de Nissa, também Teodoro de Mopsuéstia – provavelmente no mesmo século – atesta em sua *5ª Homilia Catequética* que era a doutrina dos arianos e dos eunomeanos que o Salvador "certamente assumiu um corpo, mas não uma alma" (*Hom. Cat.* 5,9); e, semelhantemente a Gregório, apresentou como argumento que Cristo, porém, devia assumir precisamente a alma humana porque "a violência do pecado tem seu começo no querer da alma" (*Hom. Cat.* 5,11) – o modelo cristológico dos arianos deve, portanto, ser corrigido por razões soteriológicas.

Em nosso tema, igualmente, prova-se verdadeiro, portanto, que esboços teológicos afiados – dentre os quais se pode contar a elaborada doutrina ariana da Encarnação – animam a discussão e avançam pontos decisivos. A partir da perspectiva de hoje, seria fatal se o modelo ariano tivesse prevalecido na cristologia – a "unicidade" de uma síntese divino-humana de Verbo e carne em Cristo já não tem nenhuma plausibilidade em nosso horizonte porque nós a sentimos como uma construção que banaliza a fé na Encarnação de Deus por razões transparentes e com o auxílio de uma hermenêutica bíblica insuficiente (justamente tendo em vista Jo 1,14). Mas, naquela época, já se percebia a insuficiência desta construção teórica, o que levava a novos esforços teológicos.

Deparamo-nos com esse novo enfoque no Sínodo Alexandrino de 362 d.C., que, em contexto teológico trinitário, preparou a reunião dos neonicenos e assim, apresentou um marco na história do dogma trinitário. Contudo, também para a questão cristológica em sentido estrito o encontro foi proveitoso. Neste sínodo, o Bispo Atanásio negociou com teólogos que representavam vários agrupamentos na metrópole síria de Antioquia (e, para além disso, na Igreja Imperial Oriental): um dos agrupamentos seguiu o presbítero e posteriormente (anti-)bispo antioqueno Paulino que, como Atanásio, era um inflexível seguidor do niceno. O outro havia-se reunido em torno do Bispo Melécio que, a partir de sua trajetória, supunha-se proximidade com o arianismo, mas que agora, porém, buscava ligar-se aos círculos que haviam posicionado a confissão nicena contra os neoarianos radicais – nos anos seguintes, entre os seguidores de Melécio contavam-se também três grandes capadócios: Basílio de Cesareia, Gregório de Nazianzo e Gregório de Nissa, entre outros, que elaboraram significativamente a posição neonicena e ajudaram-na a avançar.

Em nosso contexto, porém, não são importantes os diálogos consensiais teológico-trinitários bem-sucedidos no mencionado sínodo, mas o tratamento da questão teológica em sentido mais estrito que está igualmente registrado na ata de resultados da reunião, o assim chamado *Tomus ad Antiochenos* (cf. BRENNE-CKE, 2007/2014, p. 592-604), que foi redigido por Atanásio. Na seção de texto a respeito desta questão (*Tom. ad. Ant.* 7) – diferentemente do caso da problemática teológico-trinitária – por certo não se reproduz o diálogo esclarecedor com as diversas facções antioquenas, mas novamente se confrontam dois agrupamentos que se podem identificar com os seguidores de Paulino e com os de Melécio (o que, certamente, não é incontroverso na pesquisa).

Ambos os agrupamentos encontraram ainda um consenso (documentado por Atanásio) sobre a questão cristológica: chegou-se a uma concordância sobre o que uns confessavam, a saber,

> que a palavra do Senhor (*Verbo kyriou*), no final dos tempos, não residia à maneira de uma estada em um santo homem, como aconteceu aos profetas [no passado]. Mas a palavra (*Verbo*) mesma se fez carne (Jo 1,14) e aquele, que estava na forma de Deus, assumiu a forma de um escravo (Fl 2,6s.) e, de Maria, segundo a carne, nasceu como homem para nós...

A Encarnação do Salvador, que é reforçada pelas "passagens de testemunho principal" Jo 1,14 e Fl 2,6s., aqui é demarcada em relação à inspiração dos profetas pela "Palavra do Senhor" – Jesus, portanto, não deve ser compreendido como um homem particularmente piedoso (o que poderia apontar novamente para a suposta doutrina do condenado Paulo de Samósata, que, afinal, durante algum tempo fora bispo de Antioquia; no entanto, também na cristologia de Orígenes já se verificavam tendências semelhantes, como já tínhamos visto). Ao contrário, o Verbo mesmo se encarna e segundo a carne de Maria, nasce para a salvação dos homens, como será explicado mais adiante.

Os participantes do sínodo, porém, confessavam também que o Salvador não possuía nem um corpo sem alma, nem sem sensibilidade, nem sem razão. Com efeito, quando o Senhor se fez homem por nossa causa, era impossível que seu corpo pudesse ser irracional; e a salvação aconteceu no próprio Verbo não apenas para o corpo somente, mas também para a alma. Aquele que era verdadeiramente Filho de Deus, tornou-se também Filho do Homem, e o mesmo que era Filho Unigênito de Deus, "tornou-se também Primogênito entre muitos irmãos" (Rm 8,29). Desse modo, rejeita-se aquela concepção de Encarnação segundo a qual o Verbo teria possuído um corpo sem alma, sem sensibilidade e sem razão – sobre o pano de fundo de nosso nível de conhecimento até agora, isso apontaria para a cristologia ariana, que queria atribuir as emoções da alma, sensibilidades e insuficiências mentais do Encarnado ao próprio Verbo, para poder desclassificá-lo. Quando se considera que Melécio de Antioquia foi suspeito de ter (pelo menos no passado) simpatizado com o arianismo, o esclarecimento aqui encontrado, além da teologia trinitária, pode ser avaliado como mais uma prova de que ele, com seus seguidores, queria distanciar-se do arianismo, o que teria sido também do completo interesse de Atanásio que, afinal, havia organizado o Sínodo de Alexandria.

Contudo, com esta clarificação, pôde entrar também no campo de visão outro partido teológico que nesses anos progressivamente emergiu: o partido do Bispo Apolinário de Laodiceia, que havia enviado alguns monges a Alexandria, como está mencionado em um apêndice redacional no *Tomus ad Antiochenos* (9,3), que, entretanto, não se encontra em todos os manuscritos.

De fato, a doutrina de Apolinário deveria expandir para uma nova dimensão a disputa em torno da questão cristológica no século IV.

4.2 A controvérsia apolinarista

Apolinário, cujo pai era de Alexandria, nasceu por volta de 315 d.C. e cresceu na cidade síria de Laodiceia. Ali conheceu o Bispo Atanásio quando este, por volta de 346, estava viajando pela Síria, de retorno de seu (segundo) banimento, e encontrou acolhida na casa de Apolinário – a partir deste encontro, surgiu uma amizade duradoura. Depois que Apolinário, nas disputas em torno da reocupação da sede episcopal de Laodiceia, no ano 360, havia sido eleito bispo pelo partido niceno da cidade, Atanásio deu a um dos alunos de seu amigo uma carta de recomendação para levar a Roma a fim de obter a aprovação do novo bispo. Pelo tempo de sua vida, Apolinário sentiu-se ligado à teologia de Atanásio, que ele, tendo em vista a doutrina da Encarnação, queria especificar e continuar a desenvolver.

No campo dos nicenos, durante o tempo de vida de Atanásio († 373), Apolinário não foi seriamente contestado; só posteriormente é que sua doutrina caiu em descrédito, quando ele forçou seu engajamento político-eclesial: de fato, por volta de 376 d.C., instalou seu aluno Vitalis como (anti)bispo em Antioquia, embora ali, com Paulino, já estivesse em exercício um bispo niceno, reconhecido por Roma e por Alexandria. Este cisma no campo dos nicenos, que surgiu evidentemente por diferenças dogmáticas, chamou mais fortemente a atenção do que antes sobre a cristologia de Apolinário, a qual foi condenada diversas vezes nos anos subsequentes (em 377 e 378 em Roma; em 379 em Antioquia; e em 382, também no Concílio de Constantinopla). Por isso, seus alunos começaram a publicar os escritos de Apolinário sob um pseudônimo (entre outros, sob o de Atanásio, que morreu em 373 d.C.), a fim de conferir-lhes autoridade permanente, o que em parte deu certo.

Na realidade, Apolinário havia posto suas ideias cristológicas em circulação já nos anos sessenta do século IV. Um dos testemunhos mais antigos que nos foram conservados é uma carta ao Imperador Joviano (363/364 d.C.), que havia tomado o governo do Império Romano depois que seu predecessor Juliano, que queria reavivar o paganismo, e que perdeu a vida no campo de batalha contra os persas. Visto que a posição político-religiosa do cristão Joviano ainda não estava clara, os diversos partidos cristãos enviaram-lhe suas próprias confissões de fé, a fim de atraí-lo para seu lado – assim também Apolinário.

Possivelmente sua carta (cf. o texto em LIETZ-MANN, 1904, p. 250-253) não tenha sido transmitida em sua inteireza, porque nas controvérsias cristológicas subsequentes, interessava apenas a passagem que se ocupava com a Encarnação. Entretanto, tal passagem mostra já claramente as particularidades da doutrina de Apolinário:

> Confessamos que o Filho de Deus, que havia sido gerado eternamente antes dos tempos, nos últimos tempos nasceu de Maria segundo a carne para nossa salvação [...]; e que Ele é [tanto] Filho de Deus e Deus, segundo o Pneuma, [quanto] Filho do homem segundo a carne. [Confessamos] o único Filho não como duas naturezas, uma [delas] digna de adoração, a outra não; mas como uma natureza do Verbo de Deus, que se fez carne e é adorado com sua carne em uma única adoração. [Nós] também não [confessamos] dois Filhos, sendo um [de-

les] como verdadeiro Filho de Deus, que é, ademais, adorado, e o outro, porém, como homem proveniente de Maria, o qual não é adorado e, por graça tornou-se Filho de Deus como [outros] homens também; ao contrário, [confessamos que] o único Filho de Deus proveniente de Deus, [...] e, por certo, o mesmo e não outro, também nasceu de Maria segundo a carne nos últimos dias [...] Aquele, portanto, que nasceu da Virgem Maria é Filho de Deus segundo a natureza e verdadeiro Deus, não mediante a graça e a participação [isto é, na divindade]; Ele é homem unicamente segundo a carne, que [provém] de Maria; Ele mesmo, porém, segundo o Pneuma é Filho de Deus e Deus, que segundo a carne, assumiu sobre si nosso sofrimento, conforme está escrito: "Cristo sofreu por nós na carne" (1Pd 4,1).

Para Apolinário, é importante a identidade do Filho de Deus com o Filho do Homem, a qual não permite nenhuma divisão em duas naturezas ou em dois filhos, embora Apolinário conheça e recorra ao antigo esquema *kata pneuma – kata sarka* (em um sentido particular, conforme ainda veremos). No entanto, a fim de expressar a identidade do Filho de Deus e do Filho do Homem, Apolinário cunha a fórmula da "única natureza encarnada do Deus Verbo", que deveria ter inestimáveis consequências no que tange à história da influência: dado que a carta ao Imperador Joviano foi, posteriormente, atribuída fraudulentamente a Atanásio, os bispos alexandrinos do século V utilizavam esta fórmula crendo que, em assim fazendo, poderiam reportar-se a seu grande predecessor. Eles argumentavam com um teologúmeno de Apolinário sem o perceber.

Por volta do fim do texto citado, Apolinário chega a falar do tema soteriológico, o sofrimento do Filho de Deus na carne. Para isso, reporta-se a 1Pd 4,1 – um versículo que já Atanásio utilizara a fim de mostrar de que maneira se pode atribuir o sofrimento ao Salvador. E tal como Atanásio, também Apolinário assevera que este, "segundo a divindade, permanece livre do sofrimento e imutável". Mas, "segundo a carne, sofreu nossa morte por nossos pecados, a fim de aniquilar a morte pela morte por nós", como o atesta Paulo em 1Cor 15,54s. e 1Cor 15,3. Cristo "permaneceu imortal e invencível pela morte por causa de sua divindade, como o poder do Pai, não afetado pelo sofrimento, como o diz Pedro (At 2,24): 'Não era possível que Ele fosse retido em seu poder'". O Encarnado, que para Apolinário representa uma unidade humano-divina, diferentemente de nós, humanos, *não pode* absolutamente sucumbir à morte; ao contrário, sua "morte na carne" aniquila a morte em razão da divindade.

Apolinário conclui suas exposições com condenações doutrinárias ou anatematismos (*Anathematismen*) que devem aplicar-se a todo aquele que afirma

> que o Filho de Deus é diferente do homem que proveio de Maria, que, por graça, foi

> feito Filho como nós; de modo que haveria dois Filhos, um que, por natureza, é Filho de Deus, que provém de Deus, e outro, que é, segundo a graça, o homem [proveniente] de Maria.

A condenação, porém, deveria também atingir aquele que afirma

> que a carne de nosso Senhor provém do alto e não da Virgem Maria, ou que a divindade se transformou em carne ou foi [como ela] misturada ou alterada, ou que a divindade do Filho é passível de sofrimento, ou que a carne de nosso Senhor é – como a de um homem – indigna de adoração.

Os anatematismos dirigem-se, pois, não apenas contra teólogos que mantêm separados Deus e homem no Salvador, o que Apolinário considera um erro perigoso, mas, por outro lado, igualmente contra um desenvolvimento posterior extremo de sua própria abordagem, pelo qual a unidade divino-humano do Salvador é tão fortemente sublinhada, que inclusive se atribui uma origem do céu à *sarx Christi*. Além disso, Apolinário deve rejeitar uma transformação da divindade em carne ou a capacidade de sofrimento da divindade enquanto tal, a fim de proteger sua doutrina da Encarnação de ataques.

De um lado, tais esclarecimentos mostram que Apolinário voltava-se principalmente contra uma "cristologia da diferenciação", segundo a qual o Deus Verbo seria diferente do homem Jesus; ao mesmo tempo, porém, que seu próprio ensinamento já havia produzido "flores estranhas", das quais Ele queria distanciar-se. A cristologia apolinarista já tinha sido discutida, portanto, havia algum tempo, mas não estamos muito informados sobre esse início.

Sua doutrina aparece mais nitidamente após a morte do bispo alexandrino Atanásio, no ano 373. O Imperador Valente, o governante da metade oriental do império, para quem os nicenos eram uma pedrinha no sapato, aproveitou esta oportunidade para, finalmente, fazer avançar sua política religiosa contra o opositor egípcio: o sucessor de Atanásio, Pedro, teve de fugir para Roma e diversos bispos egípcios foram banidos pelo imperador para a Diocesareia, Palestina.

Por volta de 376, então, Apolinário dirigiu-se a esses bispos exilados mediante uma carta (perdida) que inicialmente permaneceu sem resposta. Ele tentou uma segunda vez (cf. o texto em LIETZMANN, 1904, p. 255s.) e observou que, à parte isso, teria sempre recebido resposta "do abençoado Bispo Atanásio, que sabia que ele [Apolinário] também concordava com ele na doutrina e em tudo seguia sua orientação"; ele só conseguia explicar o silêncio dos bispos egípcios até agora, dizendo que sua carta anterior era demasiado longa e, portanto, não teria sido suficientemente clara. Por isso, agora ele escreveu o mais claramente possível, "o que corresponde ao vosso e ao nosso mestre comum [isto é, Atanásio]". Tratava-se "da divina encarnação", em torno da qual houve muitos turbilhões, que não foram, porém, suscitados por ele, mas por outros.

Em seguida, Apolinário refere-se, de fato, a um texto que havia sido "aprovado por Atanásio, ou seja, a ata do sínodo de 362 (cf. acima). Ele, porém, não cita o texto literalmente, mas interpreta-o criativamente no sentido de sua cristologia. Diz-se ali:

> Confessamos que o Verbo de Deus não assumiu estada em um santo homem, como era o caso dos profetas; mas o próprio Verbo se fez carne, sem ter assumido um espírito (*nous*) humano, um espírito que se transforma e é feito prisioneiro de pensamentos vergonhosos. Ao contrário [ele possuía] um espírito (*nous*) que era divino, imutável, celestial. Portanto, o Salvador não possuía um corpo nem sem alma, nem sem sensibilidade, nem sem razão. Pois quando o Senhor se fez homem por nossa causa, era impossível que seu corpo fosse sem razão. Aquele que era verdadeiramente Filho de Deus, também se tornou Filho do Homem, e o mesmo que era o Filho Unigênito de Deus, tornou-se também "Primogênito entre muitos irmãos" [como se lê em Rm 8,29].

A partir daí, Apolinário conclui finalmente: "[Há somente] um unigênito e perfeito de [Filho] Deus – perfeito, porém, mediante a perfeição divina e não mediante a humana". A inclusão no texto do sínodo, ressaltada aqui, permite perceber em que sentido específico Apolinário o recebeu: que ao corpo do Salvador, além da alma e da sensibilidade, também não faltava a razão, certamente encontra sua aprovação, mas somente sob a premissa de que a razão, ou seja, o espírito (*nous*) do Salvador não era humano, mas divino. De outro modo, a razão humana no Salvador teria estado exposta aos mesmos perigos que a das outras pessoas também. Além disso, é significativa uma omissão da ata do sínodo, que, em conexão com as declarações sobre alma, sensibilidade e razão do Salvador, ainda havia observado: "Não apenas para o corpo somente, mas também para a alma se deu a salvação no Verbo". Apolinário, na verdade, só teria podido subscrever esta frase em caso de necessidade, porque aqui não se falava expressamente de uma salvação da *razão* (humana); mas, obviamente, a declaração sobre a salvação da "alma" podia (em sentido abrangente) implicar também a razão e a vontade, que, certamente, do ponto de vista de Apolinário, não precisavam da salvação, visto que eram divinas. Para Apolinário, parecia aconselhável não deixar que esta pergunta surgisse em primeiro lugar.

O conceito cristológico que o bispo de Laodiceia desenvolveu em muitos outros escritos (dos quais, na maioria, conservaram-se apenas fragmentos) é já claramente reconhecível na carta aos bispos egípcios exilados: o Salvador encarnado certamente possui um corpo humano e uma alma humana "inferior" (à qual devem ser atribuídas as sensações e os sentimentos); por outro lado, a razão humana, que é mudável e, portanto, suscetível ao mal, é substituída pela razão divina, ou seja, pelo espírito divino (*nous*). Daí também se compreende por que Apolinário devia enfatizar tão fortemente a unidade divino-humana do Salvador: a razão pertence incondicionalmente ao ser humano, sim, o homem é, para Apolinário, por sua natureza, "razão na carne" (*nous ensarkos*). Sem a razão, nem Jesus poderia ter existido; sua razão, no entanto, não era humana, mas divina. Somente assim a perfeição do Salvador está garantida e todo antagonismo da vontade humana e divina está de antemão excluído. Consequentemente, Apolinário pode caracterizar o Encarnado como "Deus na carne" (*theos ensarkos*) e como "razão (divina) na carne" (*nous ensarkos*). Estruturalmente, o Salvador, tal como nós, homens, é constituído de espírito (*nous*) e corpo (*sarx*), e, no entanto, é completamente diferente, porque seu espírito não é humano, mas *nous* divino. Isto é soteriologicamente importante: visto que em Jesus a razão humana está encarnada, Deus pode revelar-se autenticamente aos homens e operar a salvação deles.

Com a carta aos bispos exilados em Diocesareia, Apolinário procurou (referindo-se a Atanásio), de um lado, a solidariedade com os egípcios; ao mesmo tempo, porém, fez de seu ensinamento a condição para a comunhão eclesial. Os destinatários reagiram reticentes, e quando perceberam que Apolinário fazia campanha contra outros protagonistas nicenos, como Paulino de Antioquia ou Epifânio de Salamina, porque estes criticavam sua doutrina, recusaram a comunhão. As diferenças no campo dos nicenos que, no entanto, queriam combater coesamente o arianismo, tornaram-se um verdadeiro problema.

No ano 377, o Bispo Basílio de Cesareia (Capadócia) já se queixava deste problema em uma carta aos bispos exilados (*Ep*. 265): ele elogia-os pelo fato de não se deixarem seduzir, e, sem seguida, descreve

> a grande aflição [...] em razão das múltiplas inovações dos laodicenos de Apolinário, que tanto mais nos afligiu porque ele, no começo, parecia ser um dos nossos [...] O homem, de quem esperávamos receber um companheiro de luta pela verdade, agora encontramos como alguém que obstaculiza o caminho de muitos dos que forma salvos, porque ele desvia o espírito deles e afasta--os da reta doutrina.

Basílio critica especialmente o fato de Apolinário ter enviado pessoas que dividiram a Igreja (nicena) e erigiriam uma comunidade especial própria, com o que deveria estar aludindo principalmente a Vitalis, aluno de Apolinário.

Este Vitalis viajou a Roma por volta do ano 376 a fim de ali assegurar-se apoio. Embora o Papa Dâmaso o tivesse acolhido na comunhão da Igreja, posteriormente, porém, surgiram dúvidas sobre a ortodoxia de Vitalis. Por essa razão, o papa enviou ao bispo niceno Paulino de Antioquia uma carta (*Per filium meum*), na qual ele apresentava a posição romana na questão cristológica: devia-se confessar que Ele, Sabedoria, Verbo Filho de Deus, assumiu o corpo humano, alma, sentir (*sensum*), isto é, o Adão inteiro, [...] todo o nosso homem velho, sem o pecado. Como, de fato, ao professar que Ele assumiu um corpo humano, não lhe atribuímos logo também as paixões humanas dos vícios, assim também, ao afirmar que Ele assumiu a alma e o sentir do homem, não dizemos logo que Ele se tenha também submetido ao pecado dos pensamentos humanos. Se, porém, alguém disser que o Verbo tomou o lugar do sentir humano na carne do Senhor, a Igreja Católica o anatematiza, bem como aqueles que professam dois Filhos no Salvador, isto é, um antes da Encarnação e um outro depois de ter assumido a carne da Virgem, e não professam o mesmo Filho de Deus antes como depois (DH 148).

A carta do papa não só corrobora que nada falta à humanidade do Salvador, mas também se volta contra a suposição de que o espírito humano teria entregado o Deus encarnado inevitavelmente a pensamentos pecaminosos. Com seu modelo de Encarnação, Apolinário queria também precisamente opor-se a este receio: visto que, segundo ele, o espírito do Salvador era divino (em vez de humano), *não poderia* dar pensamentos pecaminosos e, ao mesmo tempo, estava garantido que as fraquezas da carne não podiam fazer-lhe nada de mal. Em contraste com isso, o papa argumenta diferentemente: assim como a aceitação de um corpo humano (que Apolinário afirmou) não traz consigo a ameaça de paixões imorais para o Salvador, tampouco a aceitação de um espírito humano traz ameaça por meio de pensamentos pecaminosos. A aceitação do ser humano *total* não implica automaticamente a aceitação do pecado humano – a partir daí, o construto da cristologia apolinarista é, portanto, desnecessário.

A tentativa de Vitalis, que deveria, na verdade, ter assegurado aos seguidores de Apolinário, no Oriente, um prestígio mais elevado, foi, portanto, malsucedida, e a esse insucesso, Apolinário reagiu com isso que instalou seu discípulo como (anti)bispo em Antioquia. Com isso, a divisão no campo dos nicenos estava solidificada.

As ações político-eclesiais de Apolinário revelaram-se, afinal, como falha estratégica, porque suscitaram indignação no campo dos nicenos e, assim, chamaram cada vez mais a atenção para a cristologia do laodiceno que havia provocado a divisão do partido niceno. De Roma, onde o Bispo Basílio se havia queixado de Apolinário igualmente (cf. sua *Ep.* 263), no período subsequente chegaram várias cartas ao Oriente, das quais os fragmentos *Ea gratia, Illud sane miramur* e *Non nobis quidquam* foram conservados no *Codex Veronensis* LX, do século VIII. Neles, o Papa Dâmaso exprimiu-se não apenas quanto à doutrina trinitária, mas também tomou posição, uma vez mais, em relação à questão cristológica: o Filho Único (de Deus) é, assim está dito no primeiro fragmento (*Ea gratia*):

> surgiu da Virgem por nossa salvação, a fim de que, em vez do homem perfeito (isso

é, completo), que havia pecado, o homem perfeito (*perfectus*) nascesse. Portanto, afirmamos [...] que o Filho de Deus perfeito também assumiu um homem perfeito (isto é, completo).

Esta breve alusão à perfeição, isto é, à completude do homem assumido, é explicada no segundo fragmento (*Illud sane miramur*): nela o papa se pergunta por que alguns, que seguem a doutrina trinitária ortodoxa, afirmam que

nosso Senhor e Salvador tenha assumido da Virgem Maria um homem incompleto (*inperfectum*), ou seja, um homem sem razão (*sine sensu*) [...] Se, porém, um homem incompleto foi assumido, então o dom de Deus é igualmente imperfeito, incompleta [também] nossa salvação, porque não foi o homem todo que foi redimido.

Entretanto, para Dâmaso, o homem estava perdido

como um todo, isto é, na alma e no corpo, no espírito (*in sensu*) e em toda a natureza de seu ser. Se, portanto, todo o homem estava perdido, então era necessário que fosse salvo o que estava perdido. Se [o homem], no entanto, foi salvo sem [seu] espírito, então [...] provar-se-ia que não foi salva a totalidade que estava perdida.

Tanto mais do que o primeiro pecado e, portanto, toda a perdição, porém, tinham seu lugar precisamente no espírito do homem. O papa, portanto, corrobora *"a confissão da Igreja Católica"*, segundo a qual, o Deus perfeito assumiu um homem perfeito. E ainda o terceiro fragmento *Non nobis quidquam* confirma esta fé. Além do mais, nos anos 378 e 382, o Papa Dâmaso reuniu sínodos em Roma cujos resultados estão registrados no assim chamado *Tomus Damasi*; nele são condenadas não apenas inúmeras heresias atinentes à doutrina trinitária, mas também, no cânone 7, a cristologia de Apolinário:

> Anatemizamos os que dizem que, no lugar da alma racional e intelectiva do homem (*pro hominis anima rationabili et intelligibili*), o Verbo de Deus se deteve na carne humana, pois o mesmo Filho e Verbo de Deus não ocupou no seu corpo o lugar de uma alma racional e intelectiva, mas assumiu, [certamente] sem o pecado, a nossa alma (a saber, racional e intelectiva) e salvou-a (DH 159).

Com isso, a posição do Ocidente estava claramente definida.

Na parte oriental do império, sob a liderança do Bispo Melécio, em um sínodo realizado no ano 379, em Antioquia, mais uma vez os nicenos afirmaram aquelas passagens dogmáticas das cartas que o papa havia enviado ao Oriente. Assim, pelo menos o consenso teológico entre Ocidente e Oriente estava restabelecido, embora as questões político-eclesiais constituíssem diferenças ainda por muito tempo. No Concílio de Constantinopla, em 381, finalmente, no *cânone 1* foram anatematizadas as heresias teológico-trinitárias correntes, bem como os "apoliarianos" (COD 1, p. 31) e, posteriormente, condenados pelo Imperador Teodósio I (cf. *Codex Theodosianus* XVI 5,14s.).

Caso se tente – a grande distância temporal – avaliar criticamente a cristologia de Apolinário, deve-se incialmente registrar: também para Apolinário, bem como para os arianos, a humanidade de Jesus é um torso. Quiçá não lhe falte totalmente a alma humana, porque para Apolinário, a carne de Jesus era animada, ou seja, dotada das emoções "inferiores" da alma (que, aliás, segundo antiga doutrina das almas, também os animais possuem), provavelmente, porém, falta-lhe o espírito humano (*nous* ou *pneuma*), que é indispensável para uma *autêntica* humanidade do Salvador. Seu lugar é assumido pelo Verbo divino. Do ponto de vista estrutural, os homens e o Salvador são certamente comparáveis entre si, pois eles são constituídos respectivamente de espírito (*nous*) e carne (*sarx*), que, juntos, constituem uma unidade, ou seja, uma natureza, e, no entanto, o Salvador não é verdadeiro homem porque não possui nenhum espírito *humano*.

Visto a partir daí, sob o aspecto antropológico, também em Apolinário o Salvador é um "Único" – uma síntese divino-humana na qual a carne (animada), como "instrumento" do Verbo, torna acessível aos homens a autêntica revelação de Deus e realiza a vontade divina sem nenhum conflito interior. Para Apolinário, a fé em tal "Único" parecia plausível, até mesmo necessária, a fim de poder pensar na salvação dos homens. A partir da visão de hoje, porém, esta concepção soa estranha, de certa maneira artificial e traz claramente indícios de uma mundivisão mitológica – alguém poderia também sentir-se lembrado de um filme de *ficção científica*, no qual um *alienígena* vem à terra e toma emprestado um corpo humano... Ademais, pode-se constatar também uma longínqua semelhança entre as concepções cristológicas de Apolinário e as dos gnósticos, segundo os quais, o Salvador transcendente intermedeia a gnose salvadora, na medida em que – como sempre – disfarça-se de homem. Se, em contraste com isso, os adversários de Apolinário persistem na integridade da humanidade de Jesus e, nisso, reportam-se ao antigo axioma: "O *que não foi assumido, também não foi salvo*" (que remonta pelo menos a Orígenes), parece-nos muito mais convincente.

E, no entanto, o esboço cristológico de Apolinário é mais substancial do que o dos arianos, não somente porque ele (sob pseudônimo) deveria desenvolver uma incalculável história da influência, mas também porque chama a atenção para uma questão cujo poder explosivo o bispo de Laodiceia havia reconhecido mais claramente do que outros: como deve ser pensada a Encarnação do Verbo? Ela significa um tipo de afinidade interior com Deus, tal como também houve nos profetas e nos santos – mais intensa, talvez, mas, em todo caso, passageira, acidental ou por graça? No fundo, este questionamento já diz respeito à Cristologia de Orígenes (cf. acima), principalmente, porém, com o herege condenado Paulo de Samósata (igualmente do séc. III), que fora acusado de considerar Cristo como "mero homem", que, por assim dizer, foi agraciado, "de fora", com a força divina.

A tais abordagens cristológicas que ele também acreditava redescobrir nos esboços teológicos de seu tempo, Apolinário procurou a alternativa: para ele, o Verbo era, de fato, o sujeito da Encarnação, o que diferencia o Encarnado de todas as pessoas agraciadas por Deus e torna-o único. Teólogos posteriores (da tradição alexandrina) retomaram esta preocupação, e ela foi – naturalmente de forma modificada – conservada na tradição de fé da Igreja.

5

A oposição entre a cristologia antioquena e a alexandrina

5.1 A moção contra Apolinário: a posição antioquena

Quem eram, então, os teólogos contemporâneos aos quais Apolinário queria contrapor sua cristologia? A situação das fontes aqui não é muito boa, mas os indícios apontam para uma direção inequívoca.

Em uma carta dificilmente datável (cf. o texto em LIETZMANN, 1904, p. 256-262) a Dionísio, um presbítero, de outra forma desconhecido, Apolinário adverte seus seguidores, que *"confessam o Senhor como 'Deus na carne'"*, a recusar a "distinção" (grego: *diairesis*) daqueles que seguem a heresia cristológica de Paulo de Samósata:

> Eles chamam aquele que [provém] do céu, no que eles o confessam como Deus, alguém diferente do homem que provém da terra; a um chamam de incriado, a outro criado; a um eterno, a outro temporal, a um "senhor", a outro "servo" [...] Também falam de "duas naturezas" [...]

O que está em oposição a Jo 1,14 e 1Cor 8,6. Por outro lado, enfatiza Apolinário, trata-se apenas de

> uma natureza, na medida em que aquela pessoa não oculta em si nenhuma divisão (*diairesis*) em duas, visto que após a encarnação, o corpo já não é uma natureza própria, e a divindade, igualmente, não é uma natureza própria; o contrário é que se aplica: assim como o ser humano é uma natureza, também Cristo, que apareceu em equivalência aos homens (cf. Fl 2,7).

Diga-se de passagem, que aqui Apolinário atém-se de maneira inteiramente exata ao conteúdo do hino aos filipenses, na medida em que não era mera e simplesmente um discurso sobre o surgimento de Jesus Cristo como "homem", mas sobre uma "equivalência (grego: *homoioma*) às pessoas" – certamente, nestas formulações bíblicas, o bispo laodiceno encontrava um importante ponto de referência para sua compreensão de que Cristo não era nenhum homem como todos nós. No entanto, ele tenta tornar mais plausível sua doutrina da natureza *única* de Cristo mediante a comparação com a natureza *única* do ser humano, a qual, por sua vez, é composta de corpo e alma: se se quisesse começar logo com a divisão, argumenta ele, poder-se-ia, então, tendo em vista o ser humano,

> dividir o Um [igualmente bom] em diversos e [em seguida] falar de várias naturezas,

> visto que também o corpo é multiforme, [consistindo] em ossos e nervos, [...] carne e pele [etc.]; tudo isso oculta – um para o outro – em si diferenças, mas é [no entanto, apenas] uma natureza; daí se segue que também a realidade (*aletheia*) da divindade, juntamente com a carne, é uma e não pode ser dividida em duas naturezas.

Aqui, portanto, rejeita-se decisivamente uma "doutrina de duas naturezas", que no Verbo que provém do céu reconhece um "diferente" daquele no homem Jesus, que é terreno. "Necessariamente," diz Apolinário, seus adversários, "sempre que falarem de duas naturezas, adorariam uma, mas a outra não, e se deixariam batizar na [natureza] divina, mas não na humana", o que seria absurdo em sua opinião. É que, para Apolinário, "ambos [isto é, o Verbo e o corpo humano] são um, consoante à unificação (*henosis*), à aproximação (*synodos*) e à síntese de tipo humana (*synthesis anthropoeides*)".

Os teólogos que Apolinário combate, não por último porque eles impressionavam os próprios seguidores dele, devem ter favorecido, portanto, um modelo cristológico pelo qual a unidade natural do Salvador encarnado não foi acentuada, mas exatamente o contrário, a distinção do Deus Verbo e do homem Jesus. Ao que parece, tal cristologia era defendida por um contemporâneo de Apolinário chamado Diodoro, que era seguidor do Bispo Melécio na grande cidade de Antioquia, dividida do ponto de vista político-eclesial, tendo sido ordenado presbítero por ele, e que dirigia um *Asketerion* (escola ascética, ascetério), de onde saíam importantes teólogos. Em 378, este Diodoro tornou-se bispo de Tarso, participou do Concílio de Constantinopla em 381 e, imediatamente depois disso, foi arrolado pelo Imperador Teodósio I entre os garantes da ortodoxia (*Cod. Theod.* XVI 1,3). Apesar disso, no curso das disputas cristológicas, suas obras foram condenadas postumamente em um sínodo em Constantinopla, provavelmente por volta do ano 507 d.C., no tempo do assim chamado "cisma acaciano", que dividiu a Igreja do Oriente e do Ocidente; por essa razão, no Ocidente, Diodoro só foi contado entre os hereges no Sínodo do Latrão de 649 (DH 519). Conseguintemente, de seu escrito programático *Kata synousiaston*, que, de acordo com o título, voltava-se contra "os defensores de uma coexistência" entre a natureza divina e a natureza humana no Salvador, restaram apenas fragmentos, a maioria em língua siríaca. Deles se depreende certamente que Diodoro representava exatamente as posições que Apolinário combatia:

Diodoro considerava importante diferençar claramente: "De um lado, o Deus Verbo nasceu do Pai antes dos tempos, o Único do Único. De outro, a figura do servo, o filho da Santa Virgem, é um ser humano do Espírito Santo" (*Frgm.* BD 11 em BEHR, 2011, p. 176s.). E ele volta-se explicitamente contra a opinião de seus opositores:

> Ouço-os dizer que aquele que foi concebido em Maria e dela nasceu, seria também o criador do universo [...] Eu o exponho a fim de refutá-lo apropriadamente. Com efeito, se aquele [proveniente] de Maria é realmente homem, como existe, pois, antes do céu e da terra? Se, porém, ele existe antes destes, então não é um homem. Se ele descende de Abraão, como existe, então, antes de Abraão? Se ele provém da terra, como existe, então, antes da terra? [...] Como [pode] o criador de Davi e criador do universo ser filho de Davi? [...] O escrito sagrado não estabeleceu que aquele que provém do sêmen de Davi é o criador de tudo, mas confessa que o Deus Verbo é o criador do universo (*Frgm*. BD 4 em BEHR, 2011, p. 170-173).

Para Diodoro, parece uma impossibilidade lógica identificar o Jesus nascido no tempo com o Verbo divino preexistente (o que era exatamente a preocupação de Apolinário).

Por isso, na exegese do Novo Testamento, Diodoro presta meticulosamente atenção à perspectiva a partir da qual devem ser lidas as afirmações correspondentes sobre o Salvador, conforme mostra outro fragmento:

> Se, pois, a criança que foi concebida em Maria e dela nasceu, era o sêmen de Abraão e de Davi, e o fruto da raiz de Jessé (cf. Is 11,1), está claro que o que nasceu provém de seu antepassado: uma e mesma

linha genealógica [de Abraão a Jessé e Davi] até à Santa Maria que, de si, deu à luz o templo para o Deus Verbo. Ele [isto é, o templo] não era estranho à natureza dela, mas de natureza humana, um edifício santo e sua primeira obra, mediante a qual ele matou o pecado e fez cessar a morte. E este Nascido de Maria viveu à maneira humana, cansava-se, vestia-se com túnicas, sentia fome e sede, foi crucificado, seu lado foi traspassado e jorraram sangue e água [...] Este morreu e foi sepultado. E quando ressuscitou, mostrou-se a seus discípulos; [eles deveriam reconhecer] que Ele tinha carne e ossos, que já não estão submetidos ao sofrimento e à morte. Durante quarenta dias comeu e bebeu com seus discípulos e subiu sobre uma nuvem visivelmente aos seus discípulos [...] Mas que, por outro lado, o Deus Verbo, que fora gerado pelo Pai antes dos tempos, não estava sujeito nem a uma mudança nem ao sofrimento, não se transformou em um corpo, não foi crucificado nem morreu, não comeu nem bebeu, nem se cansou, mas permaneceu incorpóreo e ilimitado, nisso que Ele não se afastou da essência paterna, demonstramos isso a partir de ponderações corretas e das Escrituras divinas (*Frgm* BD 19 em BEHR, 2011, p. 182-185).

Segundo Diodoro, as afirmações neotestamentárias sobre o Salvador não podem referir-se todas – como o quer Apolinário – a um mesmo indivíduo, o "Deus Verbo na carne". Ao contrário, deve-se levar em conta que o que é dito sobre o homem Jesus não diz respeito diretamente ao Deus Verbo. A preocupação fundamental de Diodoro é ater-se à imutabilidade, à impossibilidade de sofrer, à imortalidade, à ausência de necessidade, à incorporeidade e à infinitude do Verbo divino – axiomas que a cristologia de Apolinário, em sua opinião, violava. De maneira surpreendente, Diodoro não critica (nos fragmentos conservados) o fato de no modelo de Encarnação apolinariano faltar ao Salvador a razão humana. Contudo, se ele distingue tão claramente o homem Jesus do Deus Verbo, está implícito que, para ele, este Jesus era um homem real, ou seja, completo como todos os outros homens também.

Ora, naturalmente Diodoro teve também de confrontar-se com textos neotestamentários que pareciam apoiar a doutrina de Apolinário, por exemplo, aqueles versículos do hino aos filipenses segundo os quais aquele que "estava na forma de Deus [...] despojou-se, tomando a forma de um escravo; apareceu em semelhança aos homens e segundo seu aspecto exterior foi reconhecido como homem" (Fl 2,6s.) – não estava aqui expressa a identidade do sujeito do Verbo divino com o "escravo" Jesus? Diodoro rejeita isso: o Verbo

> que estava na forma de Deus assumiu a forma de um escravo – isto não significa: Ele tornou-se um escravo; e segundo seu aspecto exterior foi reconhecido como homem – isto não significa: Ele tornou-se um homem, mas "como um homem". Aquele que assumiu

a forma de um escravo existe na forma de Deus. De fato, a natureza humana é efetivamente "escravo"; o Oculto nele, porém, em relação ao Visível, (é) "como um homem" (*Frgm* BD 14 em BEHR, 2011, p. 178s.).

Diodoro insiste em que no hino de Filipenses, não se fala simplesmente da "Encarnação de Deus"; o evento da Encarnação é, ao contrário, complexamente parafraseado, e isso lhe dá nova oportunidade para distinguir entre o escravo humano (Jesus) e o Oculto nele (o Verbo) – a respeito deste último, pode-se apenas dizer que Ele apareceu *na* forma de um escravo, ou seja, *"como"* um homem, sem realmente ser, Ele mesmo, o escravo ou o homem.

Já tínhamos visto que também Apolinário usou o teor exato do versículo de Fl 2,7 para apoiar sua concepção de Encarnação (o Salvador encarnado – como síntese divino-humana – não é nenhum homem verdadeiro). Se, agora, com o mesmo teor, Diodoro fundamenta uma concepção cristológica completamente diferente (o Verbo divino deve ser definitivamente distinto do homem Jesus), isso ilumina a problemática de tal "exegese dogmática proposta", tal como reiteradamente foi praticada pelos teólogos cristãos primitivos: detalhes textuais são exageradamente ponderados a fim de legitimar as próprias teorias – um procedimento contra o qual só se pode advertir.

Estes "artifícios" certamente nem sempre são bem--sucedidos. Desse modo, Diodoro deve admitir que alguns textos neotestamentários (que convinham a Apolinário) não podem ser tomados literalmente: no caso da afirmação

> "o Filho do Homem desceu do céu" (cf. Jo 3,13), [...] não dizemos – enganados pelo significado superficial das palavras – que o sêmen de Abraão veio do alto, mas sabemos que o Deus Verbo é chamado de "homem" porque habitava no Filho do Homem. E, de igual modo, se a Sagrada Escritura diz: "o Senhor da Glória foi crucificado (cf. 1Cor 2,8) ou: Deus não poupou seu próprio Filho" (cf. Rm 8,32), também não nos deixemos [...] tentar a crer que o Deus Verbo sofreu, mas façamos uma concessão ao sentido profundo da Escritura: de fato, a "filiação" foi reconhecida ao homem, [que] de Maria [provém], ao templo do Deus Verbo, que foi destruído pelos judeus (*Frgm.* BD em BEHR, 2011, p. 178s.).

O "significado superficial das palavras" e o "sentido profundo" da Sagrada Escritura servem como desculpa para o fato de que as mencionadas passagens neotestamentárias não confirmam em sua fraseologia a concepção cristológica de Diodoro e, portanto, devem ser interpretadas diferentemente.

Nas fortes disputas dogmáticas, não apenas da Igreja primitiva, *todos* os partidos referiam-se à(s) Sagrada(s) Escritura(s) como autoridade geralmente reconhecida, o que pressupõe o processo de formação do cânone, o qual estava substancialmente concluído no século IV. O problema é que as Sagradas Escrituras não eram unívocas em todos os casos nem congruentes entre si. Elas ofereciam pontos de contato para o desenvolvimento posterior da teologia, mas, naturalmente, nada de respostas prontas para as perguntas das gerações posteriores. Por conseguinte, não admira que não apenas na doutrina trinitária, mas também na cristologia, tenham sido lançados diversos modelos que estavam em concorrência entre si, foram criticados e em reação a isso, foram modificados. A dinâmica da história do dogma desenvolveu-se em tais disputas – por mais desagradável que frequentemente fossem os efeitos colaterais, tanto mais necessária mostrava-se a peleja humana pelo melhor conceito cristológico.

Diodoro também reagiu francamente à crítica que veio da parte dos apolinarianos. Em sua carta ao Imperador Joviano (364 d.C.), Apolinário já havia rejeitado a doutrina de "dois Filhos", dos quais um é "Filho de Deus" segundo a natureza (quer dizer, o Verbo), e o outro apenas segundo a graça (ou seja, o homem Jesus). Diodoro procura safar-se da situação:

> Não falamos de dois (Filhos) do único Pai, mas chamamos o Deus Verbo o único Filho de Deus segundo a natureza; e o [homem proveniente] de Maria [chamamos] de [Filho] de Davi segundo a natureza, mas, segundo a graça, [Filho] de Deus. No entanto, admitimos também que ambos são um só

Filho, e aceitamos o logicamente impossível (*Frgm*. BD em BEHR, 2011, p. 192s.).

Parece confirmada aqui, em primeiro lugar, a distinção de uma dupla filiação segundo a natureza, que passa pelo "Filho de Deus" e pelo "Filho de Davi"; este último, porém, segundo a graça, é também "Filho de Deus", o que leva Diodoro à afirmação de que ambos são *um* só Filho. A conclusão do fragmento, porém, leva a reconhecer que a fundamentação lógica desta unidade (também para Diodoro) permanece na obscuridade.

A posição de Diodoro, que eu aqui caracterizo simplificadamente como "antioquena", teve como efeito criar tradição. Um de seus alunos, que havia vivido durante algum tempo juntamente com João Crisóstomo no ascetério de Diodoro, foi o antioqueno Teodoro, que foi ordenado presbítero sob o sucessor do Bispo Melécio, Flaviano (desde 381 d.C.); entrementes, seu mentor, Diodoro, tinha-se tornado bispo de Tarso e, desse modo, metropolita da Cilícia, em cuja província eclesiástica, posteriormente, por volta de 392/393, Teodoro foi ordenado bispo de Mopsuéstia. Quando, após sua morte (428 d.C.), eclodiu a disputa em torno da cristologia antioquena de Nestório, que levou ao Concílio de Éfeso em 321 (cf. acima), os escritos de Teodoro foram também atacados pelos adversários de Nestório; certamente só se chegou a uma condenação eclesiástica no Segundo Concílio de Constantinopla, em 553, sob o Imperador Justiniano I, no decurso da assim chamada "Controvérsia dos Três Capítulos" (cf. abaixo). Inquebrantável permaneceu a reputação de Teodoro na Igreja persa (ou "sírio-oriental"), que – separada do Império Romano – atinha-se à cristologia antioquena. Conseguintemente, várias das obras de Teodoro foram transmitidas apenas em língua siríaca.

Isso também diz respeito às assim chamadas "homilias catequéticas" (*Homiliae catecheticae*) que Teodoro supostamente fez ainda como presbítero em Antioquia diante de candidatos ao batismo ou de pessoas recém-batizadas que deveriam ser instruídos na fé; elas contêm uma interpretação do Credo, bem como uma explicação do Pai-nosso e dos "Mistérios" (Batismo e Eucaristia) e oferecem, portanto, a partir do conteúdo e dos destinatários, um bom fundamento para abordar a teologia de Teodoro e especialmente sua concepção cristológica.

Já vimos que Teodoro (cf. *Hom. cat.* 5,9-14) volta-se contra a cristologia dos arianos ou eunomianos, que negavam a existência de uma alma humana em Cristo. Contudo, para Teodoro, é ainda

> mais estúpido aquele que afirma que Ele [isto é, Cristo] não assumiu nenhuma razão (*nous*) humana, visto que, assim, ou afirma que Ele não assumiu alma nenhuma, ou que Ele não assumiu nenhuma alma humana, mas apenas uma alma não espiritual, que anima os animais e o gado (*Hom. cat.* 5,15).

Desse modo, ele alude evidentemente ao modelo cristológico de Apolinário, que certamente não havia atribuído nenhuma razão (*nous*) humana ao Salvador, mas provavelmente uma alma "inferior", de modo que os sentimentos e as necessidades humanas não devessem ser *diretamente* imputados ao Verbo. A fim de questionar este conceito, Teodoro distingue em seguida estritamente entre a alma animal, que "não possui nenhuma substância (*hypostasis*)" e se aniquila na morte, e a alma humana, "que existe em sua própria substância (*hypostasis*)" e "é imortal e, portanto, necessariamente [...] dotada de razão". Que "houvesse uma natureza imortal, com vida imperecível, mas sem razão [...] é, evidentemente, impossível" (*Hom. cat.* 5,15s.). Para Teodoro, portanto, a alma humana imortal não é divisível em um componente espiritual superior e outro componente "animal", inferior; ela deve ser compreendida como um todo (como hipóstase) real existente; subjaz nesta concepção uma antropologia dicotômica, pela qual o ser humano é composto de corpo e alma (mais integral), enquanto Apolinário teve de recorrer à antropologia tricotômica, que no ser humano distinguia entre corpo, alma ("animal") inferior e espírito, a fim de emprestar plausibilidade a seu modelo cristológico.

Por outro lado, Teodoro esboça um modelo diferente e, no caso, reporta-se ao Credo (antioqueno?) utilizado por ele, no qual se diz do Salvador que Ele "se tornou carne (*sarkothenta*) e assumiu a existência em um ser humano (*enanthropesanta*)" (cf. *FC* 17/1, p. 26). Teodoro continua:

> Devemos crer que é um ser humano perfeito que foi assumido e no qual o Deus Verbo fez morada, que Ele é perfeito em tudo o que constitui a natureza humana, que sua composição consiste em corpo mortal e em alma racional [...] Ele revestiu um ser humano, que era semelhante a Adão, àquele Adão que, depois de seu pecado, recebeu a pena de morte, a fim de que por meio de algo semelhante, o pecado fosse arrancado de nós e a morte aniquilada (*Hom. cat.* 5,17).

Com isso já se indica que (também) a cristologia de Teodoro tem uma meta soteriológica – ela deve explicar como a salvação teve êxito:

> Porque, efetivamente, satanás detinha o reino da morte por causa do pecado que aderia a nós, [...] a morte tinha todo o poder, e, assim, nós, que fôramos escravizados ao pecado, não tínhamos nenhuma esperança de libertação. A graça de Deus [no entanto] preservou de todo pecado o ser humano que Ele [isto é, o Salvador] revestira por nossa causa. Satanás veio, com artimanha trouxe a morte sobre Ele [isto é, Cristo] como sobre um ser humano, nisso que ele instigou todos os judeus contra Ele. E visto que Ele [isto é, Jesus], porém, nada fizera de pecaminoso que o tivesse feito escravo da morte, nosso Senhor Cristo assumiu a morte sobre si, que o tirano satanás trouxera sobre Ele de maneira ultrajante. Ele [isto é, Cristo] provou a Deus que nele

> não tinha pecado algum e que sofrera injustamente a provação da morte. E imediatamente Ele obteve a dissolução da sentença de morte e ressurgiu dos mortos pelo poder de Deus, tornou-se digno da nova e indizível vida, e mostrou a todo o gênero humano a graça universal [...] [Com efeito, Ele] torna [...] todos os seres humanos participantes de sua glória (*Hom. cat.* 5,18).

Para Teodoro, portanto, Jesus era um ser humano como Adão, mas diferentemente de Adão, preservado de todo pecado pela graça de Deus. Sua morte, conseguintemente, foi "imerecida", e satanás, por assim dizer, ultrapassou suas competências quando acionou a crucifixão de Jesus. Essa transgressão tirana, porém, agora levou à consequência quase juridicamente pensada de que Deus, em troca, aboliu a pena de morte imposta para o pecado de Adão, e despertou Jesus dentre os mortos. No entanto, o Senhor exaltado, por sua vez, oferece a todas as pessoas a participação nesta graça. Para a doutrina da redenção de Teodoro, é determinante e essencialmente importante que Jesus tenha sido uma pessoa como todos nós, um ser humano como Adão, certamente sem pecado. Mediante sua inocência, Ele pagou a culpa de Adão com a mesma moeda, por assim dizer; sua morte injusta suprimiu a justa punição e, como em Adão, as consequências do pecado passaram para todos, assim, em sentido inverso, dá-se o mesmo com Cristo. A impecabilidade do Salvador não é nenhuma "necessidade natural", como era o caso na concepção de Apolinário, segundo a qual, o "Deus encarnado" por certo *não podia* pecar, mas um "mérito" do verdadeiro homem Jesus, suportado pela graça do Verbo.

Todavia, como Teodoro concebe, pois, a relação entre este homem Jesus real e o Deus Verbo? O texto citado já oferece alguns indícios quando ali se diz que o Verbo fez "morada no ser humano", que Ele "revestiu" o ser humano e "assumiu-o". No entanto, tais formulações não ocultam o perigo (que Apolinário combateu veementemente) de ver no Salvador simplesmente um ser humano agraciado pelo Verbo, distinguindo-se de todos os demais "santos" apenas pela intensidade da graça recebida?

Teodoro também pressente esse perigo e em suas homilias catequéticas procura combatê-lo, ou seja, tenta explicar sua concepção: na 3ª homilia, expõe a confissão do "*único Senhor Jesus Cristo*"; para ele, esta sequência de títulos e nomes caracteriza

> o único Senhor que é daquela natureza divina de Deus Pai, a qual, por nossa salvação, revestiu um ser humano [isto é, Jesus] e habitou nele e por meio dele, tornou-se manifesto e reconhecível a todas as pessoas, [portanto,] a natureza divina e humana, revestida por Deus (*Hom. cat.* 3,5s.).

Que em seu Símbolo (que se diferencia do niceno em muitos detalhes), na passagem cristológica sobre o "Senhor Jesus Cristo", desde o início, divindade e humanidade do Salvador estejam colocadas lado a lado, mostra-se novamente nas palavras seguintes, que formulam a fé no "Filho de Deus, o Unigênito, [e] o Primogênito de toda a criação" (cf. *FC* 17/1, p. 26). Teodoro comenta:

> Com estas duas expressões, [os autores do Credo] exprimem ambas as naturezas. Com a distinção dos nomes, deram-nos a compreender a distinção das naturezas [...] De fato, é evidente que eles não chamam uma única natureza de "Unigênito e Primogênito de todas as criaturas", visto que não se pode dizer ambos de uma natureza [...] De fato, Ele é chamado de "Primogênito" tendo em vista muitos irmãos (cf. Rm 8,29); "Unigênito", ao contrário, [é] quem não tem irmãos" (*Hom. cat.* 3,6s.).

No caso, Teodoro relaciona o termo "Unigênito" ao Deus Verbo (cf. Jo 1,14.18), enquanto o termo "Primogênito", segundo sua opinião, serve "para ensinar-nos que Ele tem muitos irmãos, [...] que, juntamente com Ele, participam da adoção no Filho" (*Hom. cat.* 3,8s.). O título "Primogênito de toda a criação" tem, ademais, suporte bíblico, de fato, em Cl 1,15. O salvador traz este título

> porque toda a criação foi renovada e transformada naquela renovação que Ele graciosamente lhe garantiu: daquela renovação

na qual Ele primeiramente foi renovado, transformado para a nova vida e elevado acima de todas as criaturas. Com razão, portanto, Ele é chamado "Primogênito de todas as criaturas", visto que Ele primeiramente foi renovado e, em seguida, renovou as criaturas [...] (*Hom. cat.* 3,9).

Segundo Teodoro, o Credo diferencia entre o Deus Verbo e o ser humano renovado (Jesus). Mas como é que se deve compreender a sua "união"?

Conforme Teodoro, mediante a justaposição imediata das duas expressões, os autores do Credo "deram-nos a conhecer a conexão exata (*synapheia akribes*) das duas naturezas" (*Hom. cat.* 3,6) – desse modo, foi colocado em jogo um conceito que é central para a interpretação do Salvador em Teodoro, e que merece uma consideração mais intensiva: na expressão grega *synapheia akribes*, que o tradutor do texto siríaco aqui (e de quando em vez) pressupõe, o substantivo *synapheia* significa etimologicamente a "adesão conjunta" de ambas as naturezas, expressa de maneira um tanto geral, portanto, sua "conexão". Teodoro, porém, está consciente de que o postulado de uma "conexão" da natureza divina e da natureza humana de Cristo permanece muito vago e, por isso, ele o enfatiza mediante o acréscimo do adjetivo *akribes*. Naturalmente, a tradução "(conexão) exata" é lexicalmente possível, mas inexpressiva. Na realidade, *akribes* aqui significa algo assim como "estritamente falando", "tomado precisamente" ou "no verdadeiro sentido da palavra". A *synapheia* de ambas as naturezas do Salvador, portanto, não deve ser entendida em um significado geral indeterminado; trata-se de uma "conexão no sentido estrito da palavra".

Posteriormente, Teodoro explica o que ele tinha em mente com este conceito: os pais do Símbolo "manifestaram-nos as duas naturezas e [suas] diferenças no uso diverso dos nomes [isto é, 'Unigênito' – 'Primogênito'] e que o Filho é único devido à conexão – tomada no sentido estrito da palavra – das naturezas, a qual se realizou pela vontade divina" (*Hom. cat.* 3,10). E ele ainda enfatiza:

> Devemos [...] conservar em nossa compreensão a inseparável conexão (*synapheia*) a fim de que jamais, nem mesmo por um único instante, a figura do escravo seja separada daquela natureza divina que ela revestiu. Em hipótese alguma, vale ressaltar, a distinção das naturezas suprime a conexão no sentido estrito da palavra, muito menos a conexão no sentido estrito da palavra torna obsoleta a distinção das naturezas. Ao contrário, as naturezas permanecem separadas em sua essência (*ousia*), sua conexão permanece sem divisão porque aquele que é admitido está ligado ao que admite mediante honra e glória, pois, por esta razão, Deus quis acolhê-lo (*Hom. cat.* 8,13).

Teodoro indica aqui a que visa a conexão do Verbo e do homem Jesus admitido: à honra e à glória que o

Verbo possuía desde tempos imemoriais e às quais Ele admitiu o homem Jesus. Dito de outra maneira: as duas naturezas estão unidas mediante a adoração (litúrgica) comum, conforme Teodoro esclarece:

> De nenhum modo nós, porque falamos de duas naturezas, somos coagidos a também falar de dois Senhores ou de dois Filhos; isso seria, em outras palavras, uma imensa estupidez [...] [Eles são] dois mediante a natureza, visto que há uma grande diferença entre as naturezas, [mas] são um mediante a conexão, uma vez que a adoração não é dividida; ao contrário, aquele que é admitido recebe juntamente com o que admite [a mesma adoração], uma vez que ele é o templo do qual é impossível que seu habitante possa locomover-se (*Hom. cat.* 8,14).

Ora, é evidente que o conceito da *synapheia akribes* deve enfraquecer a censura de que o modelo cristológico das duas naturezas diferentes devesse forçosamente resultar na admissão de dois Senhores e dois Filhos. É exatamente isso que Teodoro quer excluir:

> Se cada um deles, por natureza, fosse Filho [de Deus] e Senhor, poderíamos falar de dois Filhos e de dois Senhores, segundo o número de pessoas (*prosopa*). No entanto, visto que, por natureza, aquele [isto é, o Verbo] é Filho e Senhor, este [isto é, Jesus], ao contrário, por natureza, nem é Filho, nem Senhor; de fato, acreditamos que Ele recebeu este [tí-

tulo] em razão da conexão estritamente tomada com o Unigênito, com o Deus Verbo; por isso, confessamos que o Filho é único. E verdadeiramente, pensamos, nesse caso, primeiramente no "Filho" e "Senhor" que tem ambos os títulos por natureza. No entanto, acrescentamos também a nossos pensamentos aquele templo no qual Ele habita e permanece todo o tempo, do qual jamais se separa em virtude da indissolúvel conexão com Ele; em razão da qual, acreditamos que Ele é Filho e Senhor (*Hom. cat.* 8,15).

Por conseguinte, o Filho único e Senhor é, para Teodoro, o "Unigênito", o Verbo; a respeito do homem Jesus, porém, deve-se dizer: "Nós [...] compreendemo-lo como Filho e denominamo-lo também assim, mas, na verdade, não a Ele, mas [dizemos isso] apenas em razão da conexão estabelecida por Ele com o verdadeiro Filho" (*Hom. cat.* 8,16). Nos textos citados, a palavra "Filho" sempre indica o Filho de Deus – o Verbo é isto a partir de sua natureza divina; o homem Jesus, no entanto, apenas em razão da *synapheia* com o verdadeiro Filho. Ademais, certamente Teodoro pode também – como já antes Diodoro – falar desembaraçadamente que Jesus, por natureza, é o Filho de Davi e o Filho de Abraão, como já em Mt 1,1 está escrito (cf. *Hom. cat.* 8,1s.); caso Filho de Deus e Filho de Davi fossem colocados um ao lado do outro, poderia ser imputada definitivamente a Teodoro a doutrina de "dois Filhos".

Mediante a *synapheia akribes* com o Verbo, porém, o homem Jesus é incluído em sua filiação divina – por causa desta, honra, glória e adoração lhe são atribuídas. Reiteradamente Teodoro enfatiza que essa conexão sempre persistiu, também na crucifixão e na morte, na ressurreição, transformação e elevação de Jesus (cf. *Hom. cat.* 5,6). Jesus é o templo e o Deus Verbo é seu habitante, mas:

> Não era apenas um templo de curta duração, como também o Deus Verbo não habitou por determinado tempo; não, ao contrário, trata-se de um templo do qual ele jamais se separa, visto que existe uma inefável conexão entre ele o habitante (*Hom. cat.* 8,7).

Em tais afirmações, Teodoro mostra-se empenhado em dar relevo à particularidade da conexão entre Deus e o homem em Cristo. Ela deve ser distinta da inspiração temporária e do agraciamento dos profetas e santos; para Teodoro, ela é de qualidade diferente, singular – e, no entanto: justamente por causa deste laborioso esforço, não se pode escapar à impressão de que a unidade entre Deus e o homem no Salvador repousa sobre uma graça extraordinária que é concedida ao homem Jesus, uma exorbitância de constante proximidade de Deus e auxílio divino que o levam à participação na dignidade e divindade do Verbo, de modo que ele próprio também recebe uma parte da glória, da honra e da adoração que são atribuídas ao Filho de Deus.

A *synapheia akribes* é o fundamento sobre o qual, para Teodoro, assenta-se a unidade de Deus e do homem em Cristo, mas subsistem dúvidas a respeito de até que ponto este fundamento se sustenta.

Em todo caso, este conceito possibilita Teodoro explicar hermeneuticamente afirmações do Novo Testamento que expressam o divino e o humano ao mesmo tempo sobre o Salvador, por exemplo, Rm 9,5 em que se diz: "dos quais [isto é, os israelitas] descende o Cristo, segundo a carne, que é, Deus bendito pelos séculos"; aqui, segundo Teodoro, aponta-se para a humanidade do Salvador, mas para a dignidade divina que provém do Verbo, que, entrementes, "no homem admitido, resultou da conexão com o Deus que o admite" (*Hom. cat.* 6,4; cf. tbm 8,10); a formulação torna ambas justamente evidentes: a variedade das naturezas, mas também sua "conexão no sentido estrito da palavra". Correspondentemente, aplica-se também a Fl 2,6s., em que se diz que ele "estava na forma de Deus" e tomou a "forma de escravo" – Teodoro esclarece: "Aquele que foi admitido estava verdadeiramente na forma humana na qual aquele que admite estava" (*Hom. cat.* 6,5). Esta distinção tem consequências para a outra interpretação do hino de Filipenses que fala da morte de cruz e da exaltação de Jesus:

> De fato, não foi a natureza divina que recebeu a morte, mas, conforme se sabe, o ser humano admitido, o templo para o Deus Verbo. Ele é que foi destruído, e soergueu-o aquele que o havia admitido. Depois da

> cruz, não foi a natureza divina que foi exaltada, mas o templo admitido [...] E não foi à natureza divina [...] que foi concedido que nela todo joelho se dobre, porque [sim] todos a adoram, mas a adoração foi garantida à figura do escravo, que por sua própria natureza, não a possuía (*Hom. cat.* 6,6).

No entanto, em todo o hino de Filipenses, fala-se apenas de *um* sujeito (a saber, aquele que estava "na forma de Deus") e, portanto, Paulo queria deixar claro "*de onde aquele que foi admitido possui tal honra, justamente apenas da natureza divina daquele que o admitiu e nele habita*", e a razão para isso é, novamente, a conexão das naturezas no sentido estrito da palavra (cf. *Hom. cat.* 6,6).

Assim, em sua interpretação do Credo, Teodoro vê confirmada a doutrina

> da Escritura sobre Cristo, nosso Senhor, que não era meramente Deus, mas tampouco meramente homem, mas verdadeiramente, por natureza, existiu em ambos: tanto Deus quanto homem também. O Deus Verbo é aquele que admite, o homem, porém, é o admitido (*Hom. cat.*, 8,1).

A fim de designar o Salvador, que existe em duas naturezas, Teodoro escolhe o título "Cristo (nosso Senhor)" – ele engloba tanto o Deus Verbo quanto o homem Jesus admitido.

As citações das homilias catequéticas de Teodoro deveriam ter deixado claro sobre o que interessava ao teólogo. Tal como para seu mestre Diodoro, é importante para ele distinguir claramente a divindade e a humanidade do Salvador, e, conseguintemente, avaliar as afirmações bíblicas quanto a se elas dizem respeito à natureza divina ou à humana. Desse modo, Teodoro pode até mesmo formular de maneira aguda: *"Em hipótese alguma Deus se fez carne"* (*Hom. cat.*, 8,16), embora isto esteja em contradição com o teor de Jo 1,14. Contudo, em razão de suas premissas dogmáticas, Teodoro *não pode* – aqui também semelhantemente a Diodoro – tomar tais afirmações literalmente. Como Diodoro, Teodoro também quer, no entanto, ater-se à confissão em um *único* Filho (de Deus), pelo que o homem Jesus não é, no sentido verdadeiramente "natural", Filho de Deus, mas foi admitido a essa dignidade (e à correspondente adoração litúrgica). Ao contrário de Diodoro, Teodoro tem sempre um conceito abstrato que conseguia fundamentar a graciosa unidade do homem Jesus com o Deus Verbo: é a inefável, inseparável e indissolúvel "conexão" (*synapheia*) da natureza divina com a humana que deve ser compreendida no sentido estrito da palavra e que sempre perdura. Ela possibilita a provação de Jesus, protege o Salvador e explica também a exaltação e a adoração do Salvador (que não seria atribuída ao homem Jesus tomado por si mesmo). Para Teodoro, ela é uma expressão "da comunhão completa" entre o homem Jesus admitido e o Deus Verbo que admite, a qual torna até mesmo possível que o teólogo antioqueno ocasionalmente fale de uma *única* pessoa (grego: *prosopon*) do Salvador (cf. *Hom. cat.* 6,3).

Isso é confirmado em outros textos: tomando-se o exemplo do homem e da mulher que, segundo Mt 19,6, tornam-se *uma* só carne no matrimônio (e, no entanto, permanecem dois), e na unidade das duas naturezas, corpo e alma, no ser humano, Teodoro torna plausível, em seu tratado sobre a Encarnação, que igualmente no Salvador,

> a unidade do *prosopon* não é prejudicada pela distinção das naturezas. Acontece que quando diferenciamos as naturezas, dizemos que a natureza do Deus Verbo é perfeita e que [seu] *prosopon* é [igualmente] perfeito – com efeito, não se pode falar de uma hipóstase sem um *prosopon* – e, de igual modo, que a natureza do homem é perfeita e também seu *prosopon*. Se, no entanto, considerarmos a conexão, falamos de um *prosopon* [...] Se tivermos o cuidado de distinguir as naturezas, dizemos que o *prosopon* do ser humano é perfeito e é perfeito também o da divindade. Contudo, se considerarmos a unidade, então declaramos que o *prosopon* de ambas as naturezas é um, humanidade e divindade em maneira unificada [...] (*Frgm.* BT 17 em BEHR, 2011, p. 206-209).

Vemos, portanto, que Teodoro, além da distinção das naturezas, estava seriamente empenhado também em ater-se à unidade da figura do Salvador que ele pode designar com o nome "Cristo" (cf. *Hom. cat.* 8,1) –

que este esforço não tenha satisfeito todos os lados, demonstra-o a controvérsia que irrompeu pouco tempo depois da morte de Teodoro (428 d.C.) em torno da pessoa do Bispo Nestório de Constantinopla.

5.2 A controvérsia em torno de Nestório

Nestório era oriundo da Síria, vivera em um mosteiro nas proximidades de Antioquia e posteriormente tornou-se diácono e presbítero dessa grande metrópole, estando, portanto, de sua parte, sob a influência da cristologia antioquena. Em virtude de sua habilidade retórica, logo conquistou grande fama e, assim, aconteceu que foi nomeado bispo da capital Constantinopla, pelo Imperador Teodósio II, no ano 428, quando ali, durante sua sede vacante, não se pôde alcançar unanimidade em torno de um candidato.

Em Constantinopla, Nestório viu-se confrontado com uma disputa que, superficialmente, dizia respeito à veneração de Maria; na realidade, porém, tratava-se da cristologia: um grupo de monges propagava o título de "Portadora de Deus" (grego: *Theotokos*), ao passo que seus adversários insistiam em que Maria podia dar à luz apenas o homem Jesus, não, porém, o Deus Verbo; conseguintemente, de maneira correta, Maria poderia ser designada apenas como "Portadora do ser humano" (*anthropotokos*). Nesta disputa, Nestório intermediava e pleiteava denominar Maria "Portadora de Cristo" (*christotokos*). Este título indica "as duas naturezas" do

Salvador, "tanto a divindade quanto a humanidade", pois, "quem diz 'Cristo', confessa que Ele é Deus e homem", conforme declara Nestório (em *Sermo*, de 430 d.C., cf. *Loofs Nestoriana*, p. 312s.), o qual, com esta interpretação do nome "Cristo", alinha-se com Teodoro de Mopsuéstia (cf. acima). Aliás, Nestório não rejeita categoricamente o título *theotokos*, mas ele temia que esta palavra pudesse ser utilizada no sentido dos hereges – conforme a exposição da disputa a seu colega de ministério, João de Antioquia (*Ep. ad Iohannem*, em *Loofs*, p. 185); nos modelos dos arianos ou dos apolinarianos, o Salvador era uma unidade sintética de carne e de alma divina, isto é, *nous* divina, mediante o que Maria tornou-se forçosamente "portadora de Deus". De igual modo, o perigo de que Maria, mediante o título de *Theotokos*, de certa maneira, fosse apresentada como "divina", ressoa em uma carta ao Papa Celestino I, de Roma, a quem Nestório informava a respeito da controvérsia (*Ep.1 ad Coelestinum*, em *Loofs*, p. 167).

Com sua própria proposta, o bispo de Constantinopla acreditava ter encontrado uma solução elegante para a polêmica, mas cometeu o erro de pregar publicamente contra o título *theotokos*, embora este título já tivesse entrado na linguagem dos teólogos havia muito tempo, conforme já tínhamos visto em Atanásio; ademais, era apreciado pelo povo e particularmente nos círculos monásticos – a controvérsia, portanto, tocava também a piedade popular. Nestório havia mexido em um vespeiro. Houve não apenas fortes discussões em Constantinopla, mas também o papa, em Roma, mostrou-se inquieto e solicitou urgentemente um parecer do sacerdote Monge João Cassiano a respeito das afirmações de Nestório. Além disso, recorreu a Alexandria, a fim de ali obter outras informações sobre os ensinamentos de Nestório.

As querelas já haviam desafiado Cirilo, bispo em exercício de Alexandria, a agir. Neste contexto, entra em jogo o aspecto político-eclesial do debate que não devemos negligenciar. Os séculos IV e V são o período em que se formam os cinco patriarcados da Igreja antiga e lutam por sua classificação. Particularmente marcante foi a concorrência entre Alexandria, rica em tradições, e Constantinopla, considerada como "recém-chegada", porque somente no século IV, mediante o Imperador Constantino, alcançara sua importância. De tal rivalidade já havia sido vítima, certa vez, um bispo da capital, a saber, João Crisóstomo (que provinha igualmente de Antioquia) – destino que devia repetir-se com Nestório.

Cirilo, até então, praticamente não havia aparecido com seus próprios conceitos cristológicos; seu pensamento movia-se nos trilhos de seu grande predecessor Atanásio. Agora, porém, ele aproveitou a ocasião para perfilar-se perante o indesejável rival em Constantinopla: na carta de Páscoa para o ano 429, advertia sobre uma nova heresia – contudo, sem ainda mencionar nomes. Em sua carta a Nestório (*Ep. 1 ad Nestorium*, ACO 1,1,1, p. 23-25), porém, censura-o de ter provocado um "escândalo ecumênico", ou seja, de ter ofendido toda a Igreja; Cirilo estimulou Nestório a confessar, sem hesitação, que Maria é a Mãe de Deus; entretanto, recebeu apenas uma resposta breve e desdenhosa.

Subsequentemente, no início do ano 430, Cirilo enviou uma exposição detalhada de sua cristologia a Nestório (*Ep. 2 ad Nestorium*, COD 1, p. 40-44). Como ponto de referência, ele escolheu, no caso, o Símbolo Niceno, enfatizando que ali se declara a respeito do

> próprio Filho Unigênito, que foi gerado pelo Pai segundo a natureza, [que é] verdadeiro Deus de Deus verdadeiro, Luz da Luz [...] que Ele "desceu, encarnou-se, assumiu a existência em um ser humano, padeceu, ressuscitou [...] e subiu aos céus.

Valeria a pena considerar o que a "Encarnação do Verbo [proveniente] de Deus e sua permanência na existência humana significam". O fato de o Símbolo Niceno, na opinião de Cirilo, caracterizar o Verbo, o Filho Unigênito do Pai, como o sujeito da Encarnação, é o pressuposto decisivo para a interpretação posterior:

> Nós não dizemos, portanto, [continua Cirilo,] que a natureza do Verbo foi mudada e, desse modo, tornou-se carne, e também não dizemos que ela se transformou em um ser humano inteiro, [consistindo] em alma e corpo. Ao contrário, [dizemos] que o Verbo, segundo a hipóstase (*kath' hypostasin*), uniu

consigo mesmo a carne animada por uma alma dotada de razão e, assim, tornou-se ser humano de maneira inefável e incompreensível [...] Certamente eram distintas as naturezas que foram levadas à verdadeira unidade, sendo uma delas o Cristo e Filho, não como se a diferença das naturezas tivesse sido supressa por causa da apropriação; ao contrário, a divindade e a humanidade consumaram em perfeita unidade para nós o único Senhor, Cristo e Filho, mediante a inefável e misteriosa junção.

O fato de Ele, segundo a carne, ter sido gerado de Maria, não significa

que sua natureza divina tenha começado sua existência na Santa Virgem [...] Entretanto, uma vez que Ele, por nossa causa [...] por meio a hipóstase, uniu a si a condição humana e, desse modo, surgiu de uma mulher, por essa razão se diz dele que foi gerado na carne; [...] Ele submeteu-se ao nascimento carnal, na medida em que se apropriou do nascimento da própria carne (*oikeioumenos*). De maneira semelhante, dizemos que Ele também sofreu e ressuscitou, não como se o Deus Verbo, em sua própria natureza, tivesse sofrido golpes, perfuração de pregos ou os demais ferimentos – visto que o divino é imune ao sofrimento, uma vez que [é] também incorpóreo; depois que o corpo, porém, que se tornou seu próprio corpo, sofreu isso, diz-se dele que sofreu por nós.

Isso vale também para a morte de cruz e para a ressurreição:

> Imortal e perene, vida e vivificador faz parte da natureza do Verbo de Deus; uma vez que, por outro lado, seu próprio corpo [...] provou a morte, diz-se que ele próprio sofreu a morte por nós [...] De igual modo, também a ressurreição dele é novamente declarada depois que sua carne foi ressuscitada, não como se Ele [isto é, o Deus Verbo] fosse vítima da impermanência – longe disso –, mas porque seu corpo foi ressuscitado.

Em suas características fundamentais, esta argumentação lembra Atanásio que, um século antes, fora bispo de Alexandria: também para Atanásio, na Encarnação, segundo sua própria natureza, o Verbo era imune ao sofrimento. Contudo, dado que a carne assumida (como código para o ser humano inteiro) pertencia ao Verbo, tudo o que é humano também pode ser declarado sobre ele (cf. acima). No entanto, conceitualmente, Cirilo aprofunda esta linha de pensamento quando realça que o Verbo, *segundo a hipóstase* (grego: *kath' hypostasin*), uniu consigo mesmo a carne animada por uma alma dotada de razão. Desse modo, de passagem, é repelido não apenas o desafio apolinariano mediante a alusão à alma de Cristo *dotada de razão*, mas também a concepção da unidade é particularizada por meio da palavra "hipóstase". Em seu significado básico, ela indica uma realidade autônoma, existente em si. A partir deste significado, na verdade seria óbvio compreender tanto o Verbo divino como "hipóstase" (o que já estava estabelecido na teologia trinitária havia décadas) quanto também o homem Jesus, como a cristologia antioquena considerava evidente. Cirilo, ao contrário, decide-se por uma alternativa, quando ensina que, pela Encarnação, deu-se uma "unificação segundo a hipóstase" – ou seja, a realidade divino-humano do Salvador é, para ele, uma única, porque o Verbo *apropriou-se* do corpo humano e da alma dotada de razão. Em virtude desta apropriação, tudo o que é humano pode ser proclamado do Verbo, embora sua natureza divina permaneça imutável em si mesma.

Mediante o conceito da unificação hipostática, Cirilo pode fundamentar a unidade da figura do Salvador sem ter de descrevê-la, a exemplo de Apolinário, como síntese entre a *sarx* humana e o *nous* divino. Na mencionada carta a Nestório, esta preocupação de Cirilo se torna evidente:

> Destarte, confessaremos Cristo como um e como Senhor, e não o coadoraremos como ser humano com o Verbo, a fim de que não seja introduzida a ideia de uma divisão quando usarmos a palavra "com". Não, adoramo-lo como um e mesmo, porque seu corpo não é estranho em re-

lação ao Verbo [...] Se nós, ao contrário, rejeitamos a unificação pela hipóstase como impossível ou imprópria, então corremos o risco de falar de dois Filhos. Nesse caso, haveria toda a necessidade de distinguir e de falar separadamente, de um lado, do ser humano que foi honrado com o título de "Filho" e, de outro lado, mais uma vez, falar separadamente do Verbo que [provém] de Deus, a quem pertencem o nome e a realidade da filiação por natureza. Portanto, de maneira alguma, o único Senhor Jesus Cristo pode ser dividido em dois Filhos. Para a correta doutrina da fé, isso não seria absolutamente útil, mesmo que alguns afirmem a unificação de pessoas (*prosopon henosin*). De fato, a Escritura não diz que o Verbo uniu a si a pessoa de um ser humano, mas que se fez carne (cf. Jo 1,14).

Dessa forma, Cirilo deixou claro que ele – diferentemente dos antioquenos – não atribuiu à humanidade de Cristo nenhum *prosopon* próprio e nenhuma hipóstase própria, mas parte do Verbo como um único sujeito da Encarnação.

De suas exposições, para concluir, Cirilo tira as consequências para o título *theotokos*: este título convém a Maria

não como se a natureza do Verbo ou sua divindade tivessem tomado o início de existência da Santa Virgem, mas porque dela

> nasceu o santo corpo, animado por uma alma racional, com o qual o Verbo se uniu pela hipóstase; por isso, dele se diz que nasceu segundo a carne.

Esta forma de argumentação fundamenta a assim chamada "comunicação dos idiomas": o *terminus technicus* é a junção da palavra grega *idioma* – indica a propriedade – e o substantivo latino *communicatio*, a comunicação ou a comunhão. Aplicado à cristologia, isto significa: no Salvador, a humanidade e a divindade têm respectivamente suas propriedades, seus *idiomata*. A humanidade é, por exemplo, mutável e capaz de sofrer; a divindade, por outro lado, é imutável e imune ao sofrimento. Contudo, se a humanidade e a divindade agora unidas hipostaticamente, estão ligadas em *um* sujeito, então pode-se e deve-se declarar as propriedades de *cada uma* das naturezas desse *único* sujeito; nesta unidade, uma natureza partilha com a outra suas propriedades, seus *idiomata*, estão em comunhão; por conseguinte, o discurso da comunicação dos idiomas legitima o título *theotokos*.

Obviamente, Nestório não se deixou impressionar pelas exposições de Cirilo, mas reagiu de modo bastante autoconfiante (em sua *Ep. 2 ad Cyrillum* 1, p. 44-50) aos "insultos dele..., que seriam um caso de paciência médica". Incialmente, ele procura abalar a posição de seu adversário, na medida em que lhe tira o fundamento: Cirilo havia-se reportado ao Símbolo Niceno, que ensinou sobre a Encarnação *do Verbo*, de onde resultariam todas as outras consequências. Nestório, porém, censura-o por ter lido o texto demasiado superficialmente e que, no caso, deveria estudar mais cuidadosamente suas formulações. Os Padres de Niceia, a saber, teriam introduzido o artigo de fé cristológico com as seguintes palavras: "*Creio[...] em nosso Senhor Jesus Cristo, seu* [isto é, de Deus] *Filho Unigênito*". Para Nestório, não é nenhum acaso, pois com os termos "Senhor", "Jesus", "Cristo", "Unigênito" e "Filho", eles teriam

> inicialmente colocado como fundamento os nomes comuns da divindade e da humanidade a fim de, em seguida, estabelecer a tradição da permanência [do Salvador] na existência humana, sua ressurreição e seu sofrimento, de modo que, mediante a precedência daqueles nomes que designam determinadas similaridades de cada uma das duas naturezas, nem é separado o que pertence à Filiação e ao Senhorio [comuns], nem o que [diz respeito separadamente] às naturezas na unicidade da filiação ameaça desaparecer mediante a mistura.

Dito com outras palavras: o sujeito das afirmações cristológicas do Símbolo Niceno não é, de forma alguma, o Verbo divino, como Cirilo havia afirmado, mas o Senhor Jesus Cristo, o Filho de Deus. O fato de Nestório ver caracterizadas nos títulos "Senhor", "Cristo" e "Filho", segundo a tradição antioquena, a divindade *e* a humanidade do Salvador, abre-lhe o espaço para não relacionar as afirmações histórico-salvíficas subsequentes do Credo de forma geral e imediata ao Verbo divino.

Aqui se evidencia que o Símbolo de Niceia valia como norma da fé para ambos os partidos litigantes, definitivamente de forma similar às afirmações bíblicas. Acontece que as formulações do Credo são tão pouco unívocas quanto as da Bíblia: elas devem ser interpretadas. O fato de, no caso, ter-se chegado a percepções diversas não é surpreendente, pois, obviamente os Padres Conciliares não haviam formulado seu texto tendo em vista as controvérsias cristológicas do próximo século – por conseguinte, é metodologicamente questionável deduzir das palavras deles conclusões de longo alcance para a questão atual. Contudo, os teólogos cristãos primitivos também utilizaram a Bíblia de maneira semelhante.

Nestório, por sua vez, confirma isto quando em suas exposições posteriores, insinua que Paulo, deliberadamente, introduziu o hino de Filipenses, cristologicamente significativo, com a alusão explícita a "Cristo Jesus" (cf. Fl 2,5),

> a fim de que ninguém devesse suspeitar de que o Deus Verbo fosse capaz de sofrer, [visto que o nome "Cristo"] caracteriza a natureza (*ousia*) incapaz de sofrimento e a capaz de sofrimento em uma única pessoa. Assim, o Cristo deveria, sem perigo, ser chamado tanto de incapaz de sofrer quanto

capaz de sofrer; incapaz de sofrimento mediante sua divindade, capaz de sofrimento, porém, pela natureza do corpo.

Nestório certamente elogia Cirilo porque este havia confirmado que o Verbo, em si, era incapaz de sofrer e não poderia passar por um segundo nascimento; no entanto, suas exposições posteriores sobre a história da salvação reverteriam novamente esta intuição. No caso, a Bíblia falaria sempre "do nascimento e do sofrimento não da divindade, mas da humanidade de Cristo, de modo que a Santa Virgem deve ser chamada com um título mais preciso de *'Portadora de Cristo'*, não *'Portadora de Deus'*". De passagens bíblicas que deveriam provar o nascimento de Jesus Cristo (não do Verbo), Nestório passa, então, a afirmações sobre o sofrimento e a morte do Filho (e, novamente, não do Verbo) e, no processo, chega também a falar da palavra da Última Ceia de Jesus durante a distribuição do pão, que ele enfatiza incisivamente: "*'Isto é'* – *não minha divindade, mas* – *'o corpo que por vós é partido'*". Entretanto, Nestório não esclarece as implicações de sua afirmação para uma espiritualidade eucarística.

Em seguida, ele ocupa-se com o conceito da "apropriação", que Cirilo havia utilizado a fim de poder atribuir ao Verbo tudo o que é humano:

É [...] bom e corresponde às tradições do Evangelho confessar que o corpo é templo da divindade do Filho e, por certo, um templo que está unido [com esta divindade] de acordo com uma conexão (*synapheia*) extraordinária e divina, de modo que a natureza da divindade se apropria do que pertence a esse [templo]. Se, porém, com o conceito da "apropriação", atribuirmos [ao Verbo] também as propriedades da carne ligadas [a ele] – quero dizer, nascimento, sofrimento e morte – então isso é [...] coisa de um pensamento que ou é desorientado de maneira pagã ou padece das doenças do louco Apolinário, de Ário e das outras heresias, ou antes, porém, de algo ainda pior.

De fato, em utilização tão errônea do termo "apropriação", colocar-se-ia forçosamente o Verbo em associação com o processo do alactamento, com o crescimento gradual, com o medo no Getsêmani, para não falar de circuncisão, suor e fome. Tudo isso pertenceria à carne e seria digno de honra, mas aplicado à divindade, seria uma mentira.

A resposta de Nestório mostra que se trata, em essência, da questão de como se deve determinar o "sujeito" cristológico de quem se devem declarar a encarnação, a vida, a morte e a ressurreição. Para Cirilo, a reposta é clara: é o Verbo divino, que se *"apropriou"* de tudo o que é humano. Nestório, ao contrário, escolhe como designação desse sujeito o título "Cristo", que representa a divindade e a humanidade do Salvador ao mesmo tempo. Isso lhe dá a possibilidade de diferençar, além disso, suas duas naturezas, e de atribuir toda experiência e sofrimento humanos à natureza de Jesus, a qual certamente está *"ligada"* intimamente com o Verbo – Nestório também usa, portanto, o conceito antioqueno da *synapheia*, que era tão importante para Teodoro de Mopsuéstia. Observadas a distância, ambas as posições não parecem estar tão longe uma da outra; com um pouco de boa vontade, seria possível alcançar, talvez, um acordo a respeito da compreensão correta, ou errônea, da "apropriação" ou da "conexão" das naturezas (como, em seu tempo, Atanásio já exemplificara no Sínodo de Alexandria, em 362, na questão de uma ou de três hipóstase/s divina/s). No entanto, em toda a história do dogma, agora não se trata apenas de disputas objetivas; a índole dos protagonistas também desempenha um papel, e nem Cirilo nem Nestório eram conciliadores, conforme mostram os textos existentes.

Naturalmente Cirilo não se deu por satisfeito com a resposta de Nestório. No verão de 430, ele enviou o Diácono Posidônio a Roma, juntamente com um dossiê que continha excertos dos escritos de Nestório em tradução latina, a fim de facilitar o trabalho do chanceler do papa, para denunciar Nestório. Como político eclesiástico habilidoso, porém, Cirilo não se contentou em promover sua posição em Roma; ele queria ir pelo seguro e, por isso, com três cartas, dirigiu-se à corte imperial de Constantinopla, nas quais ele apresentava a "fé correta" ao Imperador Teodósio II, a Eudócia Augusta e a Pulquéria, portanto, à esposa e à irmã mais velha do imperador, bem como a suas irmãs mais novas Arcádia e Marina.

Em sua carta "às senhoras" (isto é, Arcádia e Marina, a quem ele interpela diretamente também como "noivas de Cristo" porque elas – não em último lugar por considerações políticas – haviam feito voto de virgindade), Cirilo quer apoiar sua posição nos ensinamentos dos Primeiros Padres, e apresenta como prova vários textos-fontes. Para nosso contexto, aqui é relevante que ele, em primeiro lugar, invoca o

> três vezes abençoado Atanásio, famoso por sua piedade [...] o qual, na época, foi bispo da Igreja de Alexandria, e, em sua obra sobre a Encarnação, escreveu o seguinte a respeito de Cristo: "Confessamos [...], que Ele é Filho de Deus e Deus segundo o Pneuma, Filho do Homem segundo a carne. [Confessamos] o único Filho não como duas naturezas, uma [delas] digna de adoração, a outra não; mas como uma natureza do Deus Verbo, que se encarnou e é adorado juntamente com sua carne em uma única adoração [...] [Confessamos que] o único Filho de Deus e Deus, proveniente de Deus, e certamente o mesmo e não outro, também nasceu de Maria segundo a carne nos últimos dias, conforme o anjo disse à Portadora de Deus, Maria (segue-se Lc 1,34s.) (*Ep. ad Domina*, ACO, 1,1,5, p. 65).

Se Cirilo pôde invocar Atanásio, seu antecessor no ministério, que também possuía na corte imperial a reputação de defensor da ortodoxia, como argumento para suas concepções, tal argumento naturalmente pesava muito em seu favor. Contudo, foi fatal, no caso, o fato de Cirilo ter sido vítima de uma falsificação: o texto citado, que, de resto, menciona o título *theotokos* apenas casualmente, na realidade provinha da Carta de Apolinário ao Imperador Joviano (cf. acima) e havia sido pespegada a Atanásio após a condenação de seu autor – uma refinada estratégia que os alunos de Apolinário praticavam a fim de "salvar" a cristologia de seu mestre. Esta estratégia era extremamente bem-sucedida, de modo que Cirilo assumiu do texto pseudoatanasiano a fórmula da "única natureza do Deus Verbo que se encarnou". Ela deveria se tornar característica para a cristologia alexandrina e até hoje é vinculativa para as Igrejas Monofisistas (Coptas, Jacobitas entre outras).

Surpreendentemente, os adversários de Cirilo também não perceberam a falsificação; na melhor das hipóteses, suspeitaram um parentesco de sua cristologia com a de Apolinário, como Nestório indica no final de sua segunda carta a Cirilo. Somente em meados do século V, o imperador bizantino Marcião expressou pela primeira vez, de maneira geral, a opinião de que os livros de Apolinário teriam sido difundidos sob pseudônimo. No começo do século VI, então, Leôncio de Bizâncio redigiu uma obra contra as intrujices dos apolinarianos (*Adv. fraudes Apollinaristarum*), na qual ele introduz escritos dos alunos de Apolinário a fim de demonstrar que os textos em questão, que estavam em circulação sob o nome de Atanásio ou do Bispo

Júlio de Roma, por exemplo, na realidade deveriam ter sido redigidos por Apolinário. E, finalmente, por volta de meados do século VI, na chancelaria do Imperador Justiniano, é redigido um boletim informativo *contra monofisistas* a demonstrar claramente que, na suposta Carta de Atanásio ao Imperador Joviano, tratava-se de um escrito pseudepígrafo, que remontaria a Apolinário, e igualmente, à carta ao apolinariano Dionísio (cf. início do Capítulo 5), que teria sido depois atribuída erroneamente ao Bispo Júlio de Roma. Entretanto, o "trabalho de esclarecimento" chegou tarde demais. A fórmula da "única natureza do Deus Verbo que se encarnou" havia sido autorizada por Cirilo e, desse modo, tornou-se propriedade comum para todos aqueles agrupamentos que rejeitavam a distinção entre a natureza humana e a divina do Salvador.

As iniciativas de Cirilo foram bem-sucedidas primeiramente em Roma: insatisfatoriamente informado e mal aconselhado pelo parecer de João Cassiano, o Papa Celestino, em um sínodo romano, em agosto do ano 430, condenou Nestório sem examinar mais acuradamente seu ensinamento. Em vez disso, exigiu terminantemente que Nestório confessasse *a* fé que Cirilo representava em consonância com Roma, e condenasse tudo o que até então havia pensado (cf. *Ep. ad Nestorium* 17, ACO 1,2 p. 7-12). O papa informou a respeito da decisão não apenas Nestório, o clero e os fiéis de Constantinopla, mas também a Cirilo de Alexandria, que foi encarregado de implementar a sentença do sínodo romano e de persuadir Nestório à conversão – desse modo se formou um eixo político--eclesiástico entre Roma e Alexandria.

Cirilo aproveitou a oportunidade: em um sínodo alexandrino, em novembro do mesmo ano, mandou condenar Nestório uma segunda vez e transmitiu-lhe a notícia das decisões tomadas em Roma e em Alexandria, ligadas à peremptória exigência de que ele se desvencilhasse de suas visões errôneas. No processo, porém, ele ultrapassou o mandato do papa, na medida em que procurou impor a seu antagonista os detalhes da própria cristologia: na terceira carta, até então, ao bispo de Constantinopla (*Ep. 3 ad Nestorium*, COD 1, p. 50-59), ele reforça sua interpretação do Símbolo de Niceia que ele, desta vez, cita por extenso. E ele esclarece como se deve entender que

> o próprio unigênito Verbo de Deus [...] surgiu como ser humano de uma mulher: no caso, Ele não se despojou do que era, mas permaneceu – apesar da assunção da carne e do sangue – também o que Ele era, a saber, por natureza e em verdade, Deus. Não afirmamos também que a carne tenha sido transformada na natureza divina, e tampouco, de maneira alguma, que a inefável natureza do Deus Verbo tenha sido transmitida para a natureza da carne; com efeito, Ele é inteiramente imutável e inalterável, que permanece sempre o mesmo, segundo as Escrituras. Quando era visto, como lactante, ainda em faixas, no rega-

ço de sua virgem mãe, ele completava [ao mesmo tempo], como Deus, toda a criação [...]; de fato, a divindade não tem nem extensão nem medida, e não tolera limitações. Se nós, por conseguinte, confessamos que o Verbo, segundo a hipóstase, está unido à carne, então adoramos um único Filho e Senhor Jesus Cristo; não tomamos homem e Deus, cada vez, por si, separando-os, como se eles estivessem unidos [apenas] pela unidade da dignidade e do senhorio [...], mas conhecemos apenas um único Cristo, o Verbo [que provém] de Deus Pai, juntamente com sua própria carne.

Em seguida, Cirilo trata do conceito antioqueno da habitação do Verbo no ser humano ("como em um templo"), que lhe parece pelo menos ambíguo: "Não dizemos também que o Verbo [proveniente] de Deus fixou morada [...] como em um ser humano comum, a fim de que não se imaginasse Cristo como ser humano portador de Deus (*theophoros anthropos*)". Efetivamente, a habitação do Verbo não aconteceu do modo "como se diz de sua habitação nos santos [...]; mas, unido segundo a natureza (*kata physin*) e não transformado na carne, Ele realizou a habitação segundo a maneira pela qual se poderia dizer a respeito da alma humana em relação a seu próprio corpo". Cirilo quer assegurar-se de que Cristo não seja colocado no mesmo nível juntamente a outros seres humanos escolhidos – por isso, ele compara também o relacionamento entre o Verbo e a *sarx* com aquele da alma e do corpo, em que certamente se poderia reconhecer uma perigosa proximidade com a cristologia apolinariana.

Contudo, para Cirilo, importava acima de tudo enfatizar a unicidade da Encarnação: "Um Cristo, Filho e Senhor [é], portanto, não como se um ser humano simplesmente tivesse uma conexão (*synapheia*) com Deus, que consistira, por assim dizer, na unidade de dignidade ou de senhorio". Como contraexemplo, Cirilo invoca Pedro e João que, como apóstolos, certamente possuíam a mesma dignidade, mas, naturalmente, são dois e não um.

> Também não compreendemos o modo da conexão como uma justaposição – pois isso não é suficiente para uma unificação natural (*pros henosin physiken*) – e também não como participação que consiste na relação [...] Ao contrário, rejeitamos o termo "conexão" (*synapheia*) porque não é apropriado para caracterizar a unificação.

Assim como, anteriormente, Nestório havia rejeitado como imprestável o conceito alexandrino de "apropriação" do que é humano pelo Verbo, assim, aqui, Cirilo desaprova a concepção antioquena da "habitação" do Verbo no ser humano e da íntima "conexão" de Deus e ser humano no Salvador como insuficiente.

Nesta crítica mútua, constata-se a oposição entre a "cristologia da unificação" alexandrina e a "cristologia da distinção" antioquena: os alexandrinos insistem que o Verbo *se apropriou* da alma espiritual e do corpo do ser humano – por conseguinte, tudo o que no Novo Testamento é narrado sobre Jesus deve ser relacionado diretamente com o Verbo que assumiu a humanidade e, segundo a hipóstase, ou seja, a natureza, uniu-a consigo. Precisamente isto vai longe demais para os antioquenos, visto que eles veem assim questionadas a imutabilidade, a incapacidade para o sofrimento, a imortalidade e a ausência de carência do Verbo divino. O que o Novo Testamento narra sobre o nascimento, a vida humana, o sofrimento, a morte e a ressurreição do Salvador deve, portanto, ser atribuído precisamente à natureza humana de Jesus; divindade e humanidade, consequentemente, devem ser claramente *distintas*, posto que ambas estejam intimamente *ligadas*. Por causa dessa conexão, os antioquenos podiam, certamente, em todo caso, falar de *um* Filho, *um* Senhor, *um* Cristo, mas estes títulos indicam, de certa maneira, uma unidade *virtual*, pois eles representam respectivamente "Deus e homem" – na opinião dos antioquenos, a pergunta pelo "sujeito" do Salvador deve ser respondida de duas maneiras: uma unidade hipostática ou até mesmo física (no sentido do *único* sujeito-Verbo) parece-lhes inaceitável. Em sentido inverso, os alexandrinos reconhecem aqui o perigo de que a Encarnação seja compreendida apenas no sentido de uma extraordinária ligação de Jesus com Deus, tal como havia – em medida atenuada – também com os profetas, apóstolos e santos.

A alternativa que é dada nestas duas concepções da Encarnação pode ser condensada – um tanto abreviada, mas incisivamente – na pergunta: Deus fixou morada em um ser humano (conforme a visão antioquena) ou Deus encarnou-se (conforme a intuição alexandrina)?

No entanto, de volta à 3ª Carta de Cirilo a Nestório: na conclusão de outras explicações já conhecidas da cristologia alexandrina, o bispo de Alexandria retoma ainda um tema em que Nestório havia tocado brevemente: a interpretação da Eucaristia. Para Nestório, estava claro que o "Corpo de Cristo" não podia ser o corpo da divindade (cf. acima) – Cirilo, pelo contrário, sustenta:

> Somos santificados mediante a participação na santa carne e no precioso sangue de Cristo, que é para todos nós Salvador. Não a recebemos como uma carne comum – longe disso –, nem tampouco, por exemplo, como carne de um ser humano santificado, que foi ligado ao Verbo em vista da unidade da dignidade, ou, por exemplo, [como carne de um ser humano] a quem foi concedida uma habitação divina, mas como carne verdadeiramente vivificante, própria do Verbo mesmo. Pois, visto que Ele, como Deus, é a Vida por natureza, tornou-se um com a própria carne, mostrou-a como vivificante. Embora nos diga: "Em verdade vos digo: se não comerdes a carne do Filho do Homem e não beberdes o seu sangue" (Jo 6,53), nós, no entanto, não compreendemos essa [carne] como a de um ser hu-

> mano como nós – como deveria também a carne de um ser humano ser vivificante segundo sua própria natureza? – mas como [carne] que verdadeiramente se tornou própria daquele que por nós se tornou e se chamou Filho do Homem.

Aqui se mostra a força intuitiva da cristologia alexandrina, que não atribui o Corpo e o Sangue de Cristo simplesmente ao homem Jesus, como seria exato segundo a concepção antioquena, mas adjudica também ao Verbo divino. Nesta perspectiva, a recepção dos dons eucarísticos significa participação na divindade e não mera comunhão com um ser humano agraciado divinamente. Em tais afirmações, lampeja uma preocupação básica da espiritualidade alexandrina que visa à divinização do ser humano e, certamente, à divinização de todos os fiéis que recebem o Corpo e o Sangue que são adjudicados ao próprio Verbo. Vista ao longo do tempo, tal concepção mística da Eucaristia deveria desenvolver força de atração maior do que a "prosaica" visão dos antioquenos.

Em última instância, neste ponto de vista subjaz um conceito hermenêutico que Cirilo formula em seguida:

> Não dividimos em duas hipóstases ou mesmo pessoas as palavras de nosso Salvador nos Evangelhos. De fato, o único Cristo não é duplo, embora – como pensamos – tenha sido ligado a uma unidade indivisível de suas realidades (*pragmaton*) distintas

[...] Portanto, todas as palavras dos Evangelhos devem ser atribuídas a uma pessoa, [a saber] a única hipóstase encarnada do Verbo. De fato, o Senhor é um: Jesus Cristo, conforme as Escrituras (cf. 1Cor 8,6) [...].

Por volta do fim de sua carta, Cirilo defende mais uma vez o título "Portadora de Deus" para Maria, no qual toda a controvérsia se acendera. No entanto, ainda não é o fim do assunto: sem ser autorizado a isso pelo bispo de Roma, Cirilo apresenta a seu adversário uma lista de 12 anatematismos (cf. COD 1, p. 59-61), condenações doutrinárias que Nestório deveria subscrever, o que equivaleria à revogação de sua própria cristologia antioquena.

Logo no primeiro destes anatematismos, trata-se do controverso título *theotokos*: "Quem não confessa que o Emanuel é Deus e que, conseguintemente, a Santa Virgem é Portadora de Deus [...] seja anátema". Vai-se adiante neste estilo: deve-se confessar que o Verbo, segundo a hipóstase, foi unido com a carne (*Anathem.* 2) e que, no caso, trata-se de uma unificação natural (isto é, física). Em contraposição, é censurável separar as hipóstases após a unificação, ligando-as apenas por uma "conexão" (*synapheia*) segundo a dignidade, o senhorio e o poder (*Anathem.* 3). Portanto, as palavras dos Evangelhos e dos escritos dos Apóstolos não devem ser atribuídas a duas pessoas ou a duas hipóstases (isto é, ao Verbo ou ao homem Jesus) (*Anathem.* 4). Ademais, deve-se condenar aquele que chama Cristo de "ser humano teofórico" (portador de Deus) e, ao contrário, não diz que Ele, na verdade, é Deus, como Filho *único* por natureza (*Anathem.* 5); de igual modo aquele que ousa dizer que o ser humano admitido é coadorado, coglorificado e chamado de "Deus" juntamente com o Deus Verbo, ao passo que só há *uma* adoração e *uma* doxologia, o Verbo se fez carne (*Anathem.* 8). Até mesmo a Eucaristia é levada em consideração nos anatematismos: deve-se confessar que a carne do Senhor é vivificante e é própria do Verbo (proveniente) de Deus Pai (*Anathem.* 11). E, finalmente, Cirilo coloca diante de Nestório sentenças típicas da comunicação dos idiomas, que ele deveria aceitar: o Verbo de Deus sofreu na carne, foi crucificado na carne, provou a morte na carne e tornou-se o "primogênito dentre os mortos" (*Anathem.* 12). Com outras palavras: na disputa em torno da cristologia, Cirilo exige de Nestório a completa rendição.

Para esta rendição, foi estabelecido um prazo de dez dias para Nestório. No entanto, o bispo de Constantinopla já havia sido advertido previamente, e aproveitou sua proximidade com a corte imperial para antecipar-se a seu oponente. Ainda antes que a 3ª Carta de Cirilo com os anatematismos lhe tivesse chegado às mãos, ele havia conseguido que Teodósio II (que se mostrou irritado com a intervenção de Cirilo junto às damas da família imperial) convocasse um concílio ecumênico em Éfeso na Festa de Pentecostes do ano vindouro de 431. Antes do concílio, não se deveria decidir nada quanto às questões controversas. O ultimato romano-alexandrino chegou tarde demais por poucos dias. Contudo, a ideia do concílio deveria demonstrar-se como um bumerangue para Nestório.

O bispo de Constantinopla aproveitou o intervalo até o concílio para, agora, de sua parte, começar uma campanha literária contra Cirilo. Desse modo, os bispos André de Samósata e Teodoreto de Ciro, por exemplo, redigiram duas refutações dos anatematismos de Cirilo. O vento pareceu mudar, pois, inesperadamente, Cirilo passou do papel de agressor ao de agredido, e precisava defender-se. Em uma apologia a Teodósio II, ele justificou suas cartas à família imperial, com as quais ele não teria tido a intenção, de maneira alguma, de criar dissensão e inquietude. Ele advertia contra as difamações de Nestório e aduzia como ilustração o exemplo histórico de seu grande predecessor, Atanásio, que, na controvérsia em torno do arianismo, havia sido falsamente acusado de assassinato. Cirilo mostrava-se confiante em relação ao concílio convocado (cf. *Apol. ad imp. Theod.*, ACO 1,1,3, p. 75-90).

Também do ponto de vista do conteúdo, o bispo de Alexandria procurou recuperar a iniciativa, na medida em que, entre outras coisas, pôs em circulação uma defesa dos doze anatematismos contra os bispos orientais (*Apol. adv. orientales epíscopos*, ACO 1,1,7, p. 33-65). No curso de suas exposições, citou novamente, uma vez mais, o alegado texto de Atanásio (que, na realidade, foi redigido por Apolinário), a fim de justificar seu

8º anatematismo que condenava a afirmação cristológica de que o ser humano admitido seria coadorado, coglorificado e chamado de "Deus" juntamente com o Deus Verbo. De fato, no (pseudo)Atanásio, diz-se claramente: "[Confessamos] o único Filho não como duas naturezas, uma [delas] digna de adoração, a outra não; mas como uma natureza do Deus Verbo, que se encarnou e é adorado juntamente com sua carne em uma única adoração [...]". Aqui também encontramos novamente – no contexto do tema "adoração" – a fórmula (apolinariana) da "*única* natureza do Deus Verbo que se encarnou", que parecia completamente inaceitável aos orientais.

Certamente estava claro para todos os participantes que, na controvérsia em torno da Cristologia, já não seria atribuída importância decisiva às controvérsias literárias, mas ao concílio ecumênico anunciado.

6

O Concílio de Éfeso e sua história posterior

A abertura do Concílio de Éfeso estava prevista para o dia 7 de junho de 431. Haviam sido convidados os metropolitas das províncias eclesiásticas com alguns acompanhantes. No período preparatório, os dois partidos teológicos haviam tentado impor junto ao imperador a nomeação de um comissário para o concílio, o qual seria favorável aos próprios interesses deles. Teodósio II, porém, permaneceu neutro; ele enviou um funcionário que deveria supervisionar o decurso metódico das discussões sem, no entanto, intrometer-se.

Cirilo de Alexandria apareceu no lugar do concílio, pontualmente, com grande séquito. Seu oponente, Nestório, apareceu com acompanhamento mínimo. O contingente principal dos bispos orientais, sob a direção de João de Antioquia, atrasou, assim como os delegados romanos. Além do mais, do Ocidente quase ninguém apareceu.

O começo do concílio teve de ser adiado. Mediante uma carta, João de Antioquia pediu desculpas a Cirilo pelo atraso e que esperasse a chegada dos bispos orientais nos próximos dias. Isto produziu exatamente o efeito contrário. Cirilo percebeu que seus apoiadores estavam momentaneamente em número superior, e procurou aproveitar a ocasião: no dia 22 de junho, sem mais delongas, abriu arbitrariamente o concílio, certamente contra o reiterado protesto do comissário imperial. O comissário chegou até mesmo a ser forçado a deixar a assembleia; em seu lugar, com grande gesto dramaticamente grandioso, Cirilo ordenou colocar o Livro dos Evangelhos. Nestório foi intimado, mas não apareceu. Então aconteceu o inevitável: a cristologia de Nestório foi examinada e condenada. Os bispos reunidos em torno de Cirilo, um após outro, confirmaram que a segunda carta dele a Nestório concordava com o Credo Niceno; a resposta de Nestório, por outro lado, foi rejeitada. A terceira carta de Cirilo a Nestório, juntamente com os anatematismos, foi direto para os arquivos (sem votação). Logo depois dessa investigação, o partido sinodal ciriliano declarou destituído o bispo de Constantinopla, a fim de criar um fato consumado.

Quatro dias mais tarde, em 26 de junho, João de Antioquia encontrou-se com os bispos orientais em Éfeso. Surpreendido pelo ataque repentino de Cirilo, abriu um contraconcílio – com a anuência do comissário imperial. Ainda na mesma assembleia, Cirilo e seu importante aliado, o bispo local Mémnon de Éfeso, foram declarados depostos devido ao comportamento arbitrário deles no dia 22 de junho. Ao mesmo tempo, a cristologia da unificação alexandrina, na forma dos doze anatematismos de Cirilo, foi condenada como herética.

A situação tornou-se ainda mais confusa mediante a chegada dos delegados papais no início de julho de 431, que tomaram o partido de Cirilo e confirmaram solenemente tanto a condenação quanto a deposição de Nestório. Ademais, o partido sinodal ciriliano agora excomungou João de Antioquia e seus seguidores.

A situação estava irremediavelmente confusa. Em Éfeso surgiram revoltas obviamente estimuladas pelo bispo local a fim de intimidar os adversários de Cirilo. Ambos os lados apelaram ao imperador e buscaram trazê-lo para seu lado. No entanto, Teodósio II, antes de tudo, manteve a neutralidade. Ele confirmou a deposição de Nestório, bem como a de Cirilo e a de Mémnon, mandou interná-los e ordenou que os bispos de ambos os sínodos partidários separados finalmente se reunissem para o concílio comum.

Dado que isto não ajudou, o imperador ordenou que dois embaixadores viessem até ele, os quais deveriam apresentar-lhe relatório. Tais negociações também permaneceram infrutíferas do ponto de vista do conteúdo, mas os seguidores de Cirilo puderam registrar pelo menos um bom êxito: o trancafiado Nestório recebeu a ordem de retirar-se para seu mosteiro em Antioquia, como ele próprio aparentemente havia proposto fazer por amor à paz. Desse modo, estava livre o caminho para se colocar um novo homem no trono episcopal de Constantinopla e, assim, de certa forma, consolidar a deposição de Nestório. Cirilo, por outro lado, conseguiu – provavelmente com a ajuda de subornos – safar-se de sua prisão e retornar com segurança para Alexandria.

O Imperador Teodósio II, agora, perdera definitivamente a paciência; profundamente decepcionado com os bispos, dissolveu o Concílio de Éfeso e, nesse ínterim, confirmou Cirilo e Mémnon em suas sedes episcopais. Nestório, contudo, que já tinha um sucessor, teve de permanecer em seu mosteiro nas proximidades de Antioquia. Visto que ali repetidamente havia revoltas por causa de sua pessoa, alguns anos depois o imperador o baniu para Petra, na Arábia, e, finalmente, para o Egito, onde ele acompanhou atentamente o desenvolvimento posterior, e morreu somente por volta de 451 d.C.

Lançando-se um olhar retrospectivo sobre o Concílio de Éfeso, à distância de 16 séculos, fica-se perplexo: imagina-se seguramente o decorrer de um concílio ecumênico – na realidade, em Éfeso, dois sínodos partidários separados haviam sido impedidos, e somente mediante a história da recepção é que o maior deles, o Sínodo de Cirilo, foi reconhecido como concílio ecumênico. Aqui nos deparamos com a natureza duvidosa de tal conceito, pois essa assembleia partidária de Cirilo certamente não era "ecumênica", no sentido próprio da palavra.

E quais foram exatamente os resultados deste concílio? Uma solução comum para a questão cristológica obviamente não havia sido encontrada. Embora se tivesse sublinhado que o título *theotokos* para Maria poderia ter sido aceito por todos os lados, as diferenças fundamentais entre a cristologia alexandrina da unificação e a cristologia antioquena da diferenciação não haviam sido superadas. Entretanto, tinha importância o fato de que Nestório permanecia deposto, enquanto Cirilo pôde retornar à sua sede episcopal. Destarte, aconteceu que Nestório, no longo prazo, foi rotulado de arqui-herege, ao passo que Cirilo avançou para tornar-se o reduto da ortodoxia – hoje, ambas as coisas são consideradas como distorção: com efeito, o desenvolvimento posterior deverá mostrar que a cristologia vinculante da Igreja ainda deveria dar um passo importante em direção à posição antioquena.

Por enquanto, porém, a controvérsia prosseguia com as habituais excomunhões mútuas. Graças à iniciativa do imperador e à postura conciliadora do novo Papa Sisto III (432-440) é que houve ainda movimento na situação de impasse. Mediadores e embaixadores viajavam entre Antioquia e Alexandria, para lá e para cá, e depois de intermináveis negociações, finalmente ambas as partes fizeram concessões: João de Antioquia, o líder dos orientais, concordou subsequentemente com a deposição e a condenação de Nestório – não por convicção, mas em razão da política real: Nestório foi, por assim dizer, como no xadrez, um "sacrifício do peão". Concomitantemente, João renunciou à exigência de que Cirilo devesse retirar oficialmente seus discutíveis anatematismos. Em sentido oposto, porém, Cirilo subscreveu um Credo que trazia substancialmente a assinatura antioquena. Este Credo foi denominado de Fórmula da União, de 433 d.C.; significou uma reabilitação tardia da causa antioquena no Concílio de Éfeso.

Esta fórmula foi discutida em cartas entre Cirilo de Alexandria e João de Antioquia; a carta de Cirilo, a qual deveria ser recebida oficialmente mais tarde pelo Concílio de Calcedônia, começa com uma citação do Sl 95,11 LXX: "Que o céu se alegre! Que a terra exulte!", a fim de expressar a satisfação pelo fato de as diferenças de opinião terem sido superadas e a paz ter sido restabelecida. Cirilo confirma que ele recebeu a "impecável confissão de fé" que fora redigida por João e pelos piedosos bispos tementes a Deus que o rodeiam, e inclui-a literalmente em sua carta:

> De que modo [...] pensamos e nos pronunciamos a respeito da Virgem deípara (*theotokos*) e do modo da en-humanização do Filho de Deus, por ser necessário não a modo de acréscimo [...] o explicaremos brevemente, assim como desde o início o recebemos das divinas Escrituras e da tradição dos Santos Padres, não acrescentando absolutamente nada à fé exposta pelos Padres em Niceia. Pois esta, como já o dissemos, é suficiente para o pleno conhecimento da piedade e para rechaçar toda heresia. Queremos falar, porém, não com presunção em relação ao que é inacessível, mas para, reconhecendo nossa própria fra-

queza, pôr um limite aos que [nos] querem atacar quando consideramos aquilo que ultrapassa o homem.

Confessamos, portanto, Nosso Senhor Jesus Cristo, Filho Unigênito de Deus, perfeito Deus e perfeito homem [composto] de alma racional e de corpo, antes dos séculos gerado do Pai segundo a divindade, no fim dos tempos [nascido], por causa de nós e de nossa salvação, da Virgem Maria, segundo a humanidade, consubstancial (*homoousios*) ao Pai segundo a divindade e consubstancial a nós segundo a humanidade. Aconteceu, de fato, a união das duas naturezas, e por isto nós confessamos um só Cristo, um só Filho, um só Senhor. Segundo este conceito de união *inconfusa* (*asynchytos henosis*), confessamos a Santa Virgem deípara, porquanto Deus, o Verbo, foi encarnado e *en-humanado* e, desde a conceição mesma, uniu a si o templo que dela recebeu.

Quanto às expressões evangélicas e apostólicas que dizem respeito ao Senhor, sabemos que os teólogos aplicam algumas indiferentemente como [referidas] a uma única pessoa, enquanto distinguem outras como [referidas] a duas naturezas, atribuindo as dignas de Deus à divindade de Cristo, as mais humildes à sua humanidade (DH 271-273).

O fato de a confissão de fé, logo no início, introduzir o título *theotokos* sem nenhuma explicação limitadora, significava, naturalmente, uma referência ao lado alexandrino, que, naturalmente, já não causava dificuldades aos antioquenos. De igual modo, em relação ao texto normativo de Niceia, ambos os lados estavam concordes, mas compreendiam que, tendo em vista a Encarnação do Salvador, carecia de explicação. É notável, agora, que o sujeito das declarações subsequentes não seja o Verbo divino, como teria correspondido à cristologia de Cirilo, mas o "Senhor Jesus Cristo, o unigênito Filho de Deus", que, ademais, é descrito como "perfeito Deus e perfeito homem" (e, certamente, em sentido antiapolinariano). Isto corresponde à visão dos antioquenos, que, nos termos "Senhor", "Cristo", "Filho", viam indicados respectivamente Deus *e* homem. Esta visão é confirmada mediante a confissão do duplo nascimento do Salvador – do Pai, segundo a divindade; de Maria, segundo a humanidade – e sua dupla consubstancialidade (*homousie*) – com Deus, segundo a divindade; conosco, seres humanos, segundo a humanidade; desse modo, punha-se um fim a todas as especulações em decorrência da cristologia alexandrina, segundo a qual a humanidade do Salvador, pela Encarnação, poderia, de algum modo, ter sido modificada, ou seja, divinizada. O fato de a Fórmula da União falar da "unificação de duas naturezas" e confessar *um* Cristo, *um* Filho, *um* Senhor era, naturalmente, bem-vindo aos alexandrinos, tanto mais que, neste lugar, ainda não fora declarado explicitamente se, depois da unificação, continuava a haver duas naturezas. Contudo, os antioquenos também podiam endossar esta maneira de falar porque o conceito da "unificação" é especificado na frase seguinte como "unificação *sem mistura*". Na subsequente fundamentação do título *theotokos* para Maria, as visões alexandrina e antioquena associaram-se porque aqui, inequivocamente, o Deus Verbo é mencionado como sujeito da Encarnação; por outro lado, a imagem do templo humano da divindade, que era acalantada pelos antioquenos, é retomada. Entretanto, as afirmações conclusivas quanto à hermenêutica bíblica significavam um denso questionamento da cristologia de Cirilo (especialmente seu 4º anatematismo; cf. acima), porque, segundo essa regra hermenêutica, as afirmações dos evangelhos e dos escritos dos apóstolos poderiam ser relacionadas justamente ou a uma *única* pessoa do Salvador *ou*, respectivamente, a uma das duas de suas naturezas (pelo que, implicitamente, está expressa também a existência continuada de ambas as naturezas). De qualquer maneira, não se disse que as afirmações bíblicas deveriam ser atribuídas a *duas pessoas* ou *hipóstases* (o que Cirilo havia censurado em seu 4º anatematismo); por outro lado, não havia sido explicado inequivocamente como, pois, a única pessoa do Salvador (da qual também os antioquenos teriam podido falar tendo em vista o *único* Cristo, que é Deus e homem ao mesmo tempo) deva ser exatamente determinada.

No que tange a seu potencial de reconciliação político-eclesial dogmático, o texto representa uma obra de arte, mas (talvez justamente por isso) deixa uma porção de questões no limbo. Cada lado podia interpretá-lo segundo sua própria tendência e ficar satisfeito com isso. Seja como for, que ele tenha sido acolhido deve-se ao fato da forte pressão exterior a que João de Antioquia e Cirilo de Alexandria se viram expostos.

Esta Fórmula de União foi igualmente enviada ao Papa Sisto III, que felicitou os dois colegas bispos pelo acordo entre eles. Toda ocasião é propícia para congratulações, pois, após as querelas em torno do Concílio de Éfeso, dificilmente se podia esperar tal concessão. Nestório, obviamente, permaneceu uma vítima inocente da política eclesiástica. E mesmo assim, não voltou a reinar algo como uma paz unânime na Igreja. Com efeito, em ambos os lados havia facções que não queriam concordar com o pacto feito. Para alguns representantes da cristologia alexandrina, as concessões feitas aos antioquenos tinham ido longe demais e, em contrapartida, muitos antioquenos consideravam injusta a condenação de Nestório (por razões compreensíveis). As agitações, portanto, prosseguiram; novas declarações quanto à cristologia foram reiteradamente apresentadas, entre elas uma carta magisterial do Bispo Proclo de Constantinopla (435 d.C.): continha a declaração "de que o Verbo divino, uma das pessoas da Trindade, encarnou-se", bem como a confissão de fé em "uma hipóstase do Verbo encarnado, [...] que suportou os sofrimentos e realizou portentos" (*Tomus ad Armenios*, ACO 4,2, p. 187-195). O princípio de unidade da Encarnação é, segundo Proclo, a hipóstase do Verbo divino (não a natureza divina) – uma especificação importante, também em relação à Fórmula de União de 433; ao mesmo tempo, porém, um passo na direção da cristologia alexandrina. Em favor da paz, os antioquenos aceitaram essa carta doutrinal, enquanto Cirilo ligava a ela outras exigências – ocasionalmente, ele dava a impressão de querer afastar-se da Fórmula de União. Inquietante era, entre outras coisas, o fato de ele ter apoiado uma campanha contra os "mestres" defuntos de Nestório, Diodoro de Tarso e Teodoro de Mopsuéstia, que gozavam de grande estima no Oriente. Em todo caso, ele conseguiu, por enquanto, manter a frágil paz. Todavia, no ano 441 ou 442 d.C., morreu João de Antioquia, e Cirilo de Alexandria o sucedeu em 444. Seu sucessor, Dióscoro, retomou o combate em torno da cristologia com toda acrimônia.

Não se deveria deixar passar o fato de que o dividido Concílio de Éfeso também deixou atrás de si a primeira divisão duradoura na Igreja. Com efeito, na Síria oriental, que estava sob o domínio persa, a doutrina de Nestório conseguiu manter-se, não obstante sua deposição e condenação. Dois sínodos da Igreja Sírio-Oriental, que se tornara autônoma de 410/424 d.C., sob um "Católico/Patriarca" próprio, por volta de 484/486 aceitaram a cristologia da diferenciação antioquena, colocando-se, assim, em desacordo com a Igreja imperial, o que também trouxe consigo vantagens políticas – o Império Persa e o Império Romano eram tradicionalmente inimigos, de modo que, para os cristãos persas, era sempre espinhoso cultivar ligações demasiado estreitas com as Igrejas do império. Mediante a rejeição da teologia imperial eclesiástica, tal como havia sido formulado nos concílios de Éfeso, em 431, e, posteriormente, de Calcedônia, em 451, os cristãos sírio-orientais podiam mais claramente distanciar-se dos inimigos dos persas.

No Império Persa, portanto, o assim chamado "nestorianismo" sobreviveu. Hoje se fala de maneira neutra da "Igreja Assíria do Oriente", que se autodenomina "Igreja Apostólica do Oriente". Viveu seu grande florescimento apenas no período islâmico, após o declínio do Império Persa em meados do século VII. Em razão das boas relações com a corte do califa em Bagdá, os cristãos nestorianos puderam desenvolver uma ampla missão que, até os séculos XIII e XIV, havia alcançado a Índia, a Ásia Central e até mesmo a China. Na época de Marco Polo, importantes representantes na corte do cã mongol eram "nestorianos". Por esse tempo, a expansão geográfica do cristianismo sírio-oriental superava de longe a das Igrejas Católica e Ortodoxa. Na segunda metade do século XIV, começou, sem dúvida, o declínio da Igreja Sírio-Oriental, ocasionado, entre outras coisas, pela admissão do islã pelos povos mongóis e turcos. Resquícios do cristianismo sírio-oriental, no entanto, permanecem até hoje na Índia (os assim chamados cristãos de São Tomé), Iraque, Irã e Síria; parte deles vive em união com a Igreja Católica Romana. O Concílio de Éfeso é, por conseguinte, o primeiro concílio ecumênico que não une a cristandade, mas a separa. Semelhantemente, isso acontece também com o próximo concílio ecumênico, a cuja pré-história agora nos voltamos.

7

A formulação do dogma cristológico

7.1 A investida monofisista e o "sínodo de ladrões" de Éfeso

Na capital Constantinopla, cujo trono episcopal estava detido desde 446 pelo Bispo Flaviano, o latente conflito em torno da cristologia eclodiu novamente no ano 448.

O Bispo Flaviano não era, de forma alguma, a única figura dominante de sua Igreja. Além dele, exercia grande influência certo Eutiques, que era monge e arquimandrita (isto é, superior) de um importante mosteiro em Constantinopla. Ele tinha partidários não apenas entre os monges da capital, mas também na corte imperial, pois era mentor espiritual do chefe dos eunucos Crisáfio, que conseguira, nessa década, alijar da corte tanto a Imperatriz Eudócia quanto a irmã mais velha do imperador, Pulquéria; destarte, o próprio Crisáfio tornou-se a figura dominante em tudo, manipulando o fraco Imperador Teodósio II. Desta conexão serviu-se Eutiques, que entendia a si mesmo como férvido seguidor do falecido Cirilo de Alexandria, como antinestoriano e como decidido opositor da Fórmula de União de 433.

Em sua cristologia, Eutiques propagava a doutrina alexandrina da "*única* natureza do Verbo encarnado" em uma forma extrema, mediante a qual a divindade e a humanidade em Cristo já não podiam ser diferenciadas, mas constituíam *uma única* natureza. Devido a esta exacerbação, designa-se a doutrina de Eutiques, com razão, "monofisismo" (grego: *mone physis* / uma única natureza). No caso, enfatiza-se unilateralmente a divindade de Cristo. Efetivamente, de acordo com a concepção monofisista, na Encarnação, a natureza humana é "absorvida" pela divina como uma gota no mar – à primeira vista, uma imagem atraente (à qual, certamente, o teólogo antioqueno Teodoreto de Cirro, no II Diálogo de sua obra *Eranistes* soube contrapor argumentos plausíveis; cf. Ettligner, 1975, p. 143s.). Nesta radicalização da cristologia alexandrina, realça-se novamente o motivo místico-soteriológico da divinização do ser humano, que significa a verdadeira salvação da qual todos devemos participar.

A provocação monofisista não ficou sem contestação. Em 448, um sínodo em Constantinopla, sob a direção do Bispo Flaviano, condenou Eutiques porque este simplesmente queria admitir que, *antes* da união entre divindade e humanidade em Cristo, havia duas naturezas (uma suposição puramente teórica); *depois* da unificação, porém, apenas *uma*. Cristo, portanto, teria sido (originado) *de* duas naturezas, mas desde a Encarnação, só existiria nele *uma* natureza, a saber, a divina. Por essa razão, Eutiques recusava também confessar que o corpo de Cristo era consubstancial (*homoousios*) a nós, seres humanos – uma consequência que Cirilo havia evitado. Por outro lado, os participantes do Sínodo de Constantinopla enfatizavam que Cristo outrossim *após* sua Encarnação, era constituído de *duas* naturezas, reconhecidamente em *uma* pessoa, isto é, em *uma* hipóstase (cf. ACO 2,1,1, p. 114) – esta fórmula significava um passo importante na direção de uma solução da questão cristológica.

Eutiques, em todo caso, foi excomungado e deposto por causa de sua doutrina. Certamente ele não deixou, sem mais, que isso acontecesse, mas voltou-se pedindo ajuda, entre outros, ao Bispo Dióscoro de Alexandria, ao Bispo Leão de Roma e, naturalmente, também, à corte imperial. As reações mostraram-se diversas. Dióscoro, como defensor da cristologia alexandrina (radical), colocou-se imediatamente ao lado de Eutiques. O Papa Leão procurou, em primeiro lugar, obter informações mais precisas junto a seu colega em Constantinopla, o Bispo Flaviano, e, em seguida, juntou-se ao julgamento contra Eutiques. Mas não era tudo: o papa enviou também uma carta doutrinária a Flaviano, a assim chamada *Epistula dogmatica ad Falvianum*, ou mais resumidamente: o *Tomus Leonis* (COD, 1, p. 77-82). No caso, trata-se aqui da impressionante intervenção dogmática de um bispo romano desde a época da Igreja Primitiva, que faz prevalecer a reivindicação do primado do papa também no campo doutrinal.

Em primeiro lugar, Leão denunciou o *"escândalo contra a integridade da fé"*, provocado por Eutiques, porque lhe faltava formação nas Sagradas Escrituras – em contraste, a carta do papa argumentava em larga escala com citações bíblicas. De igual modo, Eutiques não havia entendido a confissão de fé a que Leão se refere em seguida. O Filho, assim explica o papa,

> não se distingue em nada do Pai, porque Ele nasceu como Deus de Deus, Todo-poderoso do Todo-poderoso, Coeterno do Eterno [...] No entanto, o mesmo Unigênito Eterno, do Eterno Originador, nasceu do Espírito Santo e de Maria, a Virgem. Este nascimento temporal nada tirou e nada acrescentou àquele nascimento divino e eterno.

Leão enfatiza a realidade da existência corporal de Jesus (lat.: *veritas corporis*) e descreve a Encarnação como paradoxo:

> Salvaguardando-se a especificidade de cada uma de ambas as naturezas e mediante a junção delas em uma pessoa (*salva* [...] *proprietate utiusque naturae et in unam coeunte personam*), a baixeza foi assumida pela majestade, a fraqueza pela força, a mortalidade pela eternidade e [...] a natureza invulnerável foi unida à natureza passível de padecimento, a fim de [...] o único e mesmo "Mediador entre Deus e os seres humanos, o homem Jesus Cristo" (1Tm 2,5) pudesse tanto morrer, em razão de uma, quanto não morrer em razão da outra. Na natureza intacta e perfeita de um verdadeiro ser hu-

mano, nasceu, portanto o verdadeiro Deus, totalmente em Si, totalmente em Nós (*totus in suis, totus in nostris*).

Sem que, por isso, participasse da transgressão humana. O Salvador

> assumiu a forma de um escravo sem a sujidade do pecado; elevou a humanidade sem diminuir a divindade [...]; de fato, cada uma das naturezas conserva sem perda sua especificidade (*tenet enim sine defectu proprietatem suam utraque natura*), e assim como a figura divina não retirou a figura do escravo, do mesmo modo a figura do escravo não diminuiu a figura divina. [Sobre a terra] cada uma das formas [isto é, a forma de escravo e a forma divina] opera em comunhão com a outra o que [lhe] é próprio [*agit enim utraque forma cum alterius communione quod proprium est*), ou seja, o Verbo opera o que é do Verbo, e a carne realiza o que é da carne.

Conforme Leão, a seguir, demonstra em diversos exemplos bíblicos (desse modo, ele contrasta, por exemplo, a fome e a sede humanas de Jesus, de um lado, e a maravilhosa saciedade dos cinco mil com cinco pães, de outro).

O papa continua:

> Portanto, embora no Senhor Jesus Cristo, haja uma única pessoa de Deus e do ser hu-

> mano (*in domino Iesu Christo dei et hominis una persona sit*), uma coisa é aquilo de onde advém a ambos a ignomínia comum, e outra coisa é aquilo de onde advém a ambos a glória comum [...] Em virtude desta unidade da pessoa, portanto, que em cada uma das duas naturezas deve ser levada em consideração, diz-se, de um lado, que o Filho do Homem desceu do céu (cf. Jo 3,13), posto que [no entanto] o Filho de Deus [...] tenha assumido a carne e, por outro, o Filho de Deus tenha sido crucificado e sepultado, não obstante Ele não ter sofrido isso na própria divindade, [...] mas na fraqueza da natureza humana.

Neste sentido, disse Paulo que os poderosos teriam crucificado o "Senhor da Glória" (cf. 1Cor 2,8). Outrossim a experiência dos discípulos com o Ressuscitado, que comeu com eles, mostrou-lhes os ferimentos dos pregos e deixou-se tocar, deveria levá-los ao reconhecimento

> de que nele a especificidade da natureza divina e da natureza humana permanecia indivisa (*in eo proprietas divinae humanaeque naturae individua permanere*); deveríamos [...] saber: certamente o Verbo não é o que a carne é; e [no entanto] deveríamos confessar o Único Filho de Deus como Verbo e também como carne.

Leão conclui sua carta com uma renovada apresentação dos erros nos quais Eutiques caíra com sua doutrina, ao mesmo tempo, porém, expressa sua esperança de que o arquimandrita condenado pudesse arrepender-se e, em seguida, merecer clemência.

A carta doutrinária do papa estabelece ênfases claras: distinguem-se no Salvador *duas naturezas* que certamente foram unidas em *uma pessoa*, mas também após a Ressurreição, subsistiram em sua correspondente especificidade. Na terra, a forma de Deus, assim como a forma do escravo, realiza o que lhe corresponde (Leão observa, portanto, de sua parte, a regra hermenêutica, segundo a qual as declarações neotestamentárias devem ser, em cada caso, atribuídas a uma das duas naturezas), mas ambas estão em comunhão, de modo que tanto a ignomínia humana que o Salvador sofreu, quanto também a glória divina que lhe é própria, são comuns a ambas. Por essa razão, é igualmente permitido falar da "descida do Filho do Homem" ou da "crucifixão do Senhor da Glória" – formulações neotestamentárias que, na verdade, chocam-se contra a regra hermenêutica, mas mediante a comunhão das naturezas divina e humana (hoje diríamos "comunicação dos idiomas") são justificadas.

Por outro lado, as exposições do papa não são totalmente inequívocas: enquanto Cirilo sempre havia enfatizado que o *Logos* divino encarnou-se, que *ele* deve ser considerado como o único sujeito de todas as atividades humanas do Salvador, Leão varia suas afirmações: embora ele também confesse, logo no começo de sua carta, que o Unigênito eterno do Eterno Originador nasceu (na terra) de Maria, a Virgem, e mais tarde repita que na natureza de um verdadeiro ser humano, o verdadeiro Deus nasceu, ele também pode dizer que no Senhor Jesus Cristo, há uma única pessoa de Deus e do ser humano – que Deus e ser humano em Cristo estão unidos em um *prosopon*, ademais Nestório, condenado havia muito tempo, teria podido também subscrever. Além disso, o fato de a forma (de Deus) e a forma (do escravo) do Salvador, das quais Paulo em Fl 2,6s. fala, em comunhão uma com a outra operarem o que lhes é próprio, sugere uma dualidade. Em comparação com a cristologia alexandrina, portanto, o papa traz mais fortemente para o primeiro plano as duas naturezas do Salvador em sua correspondente especificidade. Ele acentua, por certo, também sua conectividade em uma pessoa, mas identifica esta *única* pessoa de maneira bastante casual com o Filho de Deus, enquanto esta identificação era a verdadeira preocupação dos alexandrinos, que aqui não queriam tolerar nenhuma obscuridade. Pode-se imaginar que o *Tomus Leonis* encontrou pouca aceitação nesses círculos.

O plano do papa de, com sua carta a Flaviano, resolver o litígio com Eutiques foi superado pelos acontecimentos. De fato, sob a influência do prepotente eunuco Crisáfio (ou melhor: de Eutiques, que era seu mentor), o Imperador Teodósio II havia convocado um novo concílio a ser realizado em Éfeso, em agosto do ano 449, a fim de esclarecer as reclamações do arquimandrita contra sua condenação. O Papa Leão foi convidado, mas – segundo a tradição romana – fez-se representar por delegados (o que lhe abriu margem de manobra para uma tomada de posição subsequente). A assembleia fora organizada partidariamente *a priori*: para presidir o concílio, determinou-se o bispo de Alexandria, Dióscoro. O teólogo antioqueno mais importante da época, o Bispo Teodoreto de Cirro, nem sequer foi admitido ao concílio. Outros adversários de Eutiques, que o haviam condenado em Constantinopla, tiveram permissão para participar, mas não tiveram o direito de votar. Ademais, foi altamente incomum o fato de que um respeitável arquimandrita sírio, o Monge Bar Sauma, que defendia o monofisismo, tivesse sido convidado especialmente para o concílio.

Em Éfeso, os delegados romanos exigiram várias vezes a leitura do *Tomus Leonis*, mas foram facilmente driblados por Dióscoro, porque eles não dominavam o grego e precisavam do auxílio de intérprete. A tomada de posição do papa, que já se voltara contra Eutiques, foi reprimida triunfantemente. Além disso, durante as deliberações, os bispos reunidos foram de tal forma intimidados pelos soldados dos comissários imperiais, pela polícia privada de Dióscoro de Alexandria e pelos monges fanáticos, que não se pôde falar de uma livre-formação de opinião. Desse modo, o resultado das deliberações estava pré-definido: Eutiques e sua cristologia monofisista foram reabilitados e, em sentido oposto, a doutrina das duas naturezas do Salvador foi rejeitada. O bispo de Constantinopla, com alguns adeptos da cristologia antioquena, entre eles Teodoreto de Cirro e Domno de Antioquia (a quem de nada servira a grande submissão pessoal durante as negociações) foram depostos. Flaviano morreu pouco tempo depois no exílio. Um dos delegados romanos, o arquidiácono (e posteriormente papa) Hilário, fugiu de Éfeso durante a noite e no nevoeiro, a fim de apresentar um relatório a seu mandante. O Papa Leão chamou o concílio de "Sínodo de Ladrões" (*latrocinium*) e rotulou o egípcio Dióscoro de "novo faraó".

Antes de sua morte, o condenado Flaviano ainda conseguiu redigir uma apelação ao bispo romano, entregue por Hilário. Chegou a Roma também uma Carta de Teodoreto de Cirro que, por sua vez, pedia ao papa um novo veredito. O fato de bispos tão proeminentes do Oriente, entre eles o colega de ministério (e potencial rival) de Constantinopla, dirigirem-se ao bispo romano pedindo ajuda, naturalmente significava uma apreciação da função papal. Leão interveio junto ao Imperador Teodósio II, e quando tudo isso se mostrou infrutífero, ele incentivou o imperador do Ocidente, Valenciano III, sua mãe, Gala Placídia, e a Imperatriz Eudócia, a exigirem na corte de Constantinopla uma retomada do processo e um concílio no Ocidente, sob a direção do papa. Contudo, Teodósio II recusou a intromissão do Ocidente.

Sob o patrocínio deste imperador, a cristologia monofisista parecia ter-se imposto definitivamente, pelo menos na parte oriental do império. Eis que um acidente frustrou o triunfo de Dióscoro e de seu satélite, Euti-ques: no dia 28 de julho de 450, o Imperador Teodósio II, que ainda nem completara 50 anos, sofreu um acidente tão grave ao cavalgar, que morreu em consequência da queda. O governo foi assumido por sua enérgica irmã Pulquéria, que 20 anos antes, havia usado sua influên-cia na corte a fim de apoiar Cirilo de Alexandria contra Nestório. Nesse ínterim, porém, havia sido desalojada pelo chefe dos eunucos, Crisáfio, que defendia bastante energicamente os interesses de Eutiques. Isso agora teve sua vingança: Crisáfio havia perdido o pôquer do poder e pagou por isso com a própria vida: Pulquéria mandou condená-lo e executá-lo. Quatro semanas depois de sua ascensão ao trono, a imperatriz de 50 anos casou-se com o General Marciano a fim de assegurar seu domínio sem, no entanto, renunciar a seu voto de virgindade.

A queda de Crisáfio trouxe consigo uma mudança na política religiosa: o novo casal imperial mandou in-ternar Eutiques e exigiu do sucessor do entrementes deposto e agora falecido Flaviano, o Bispo Anatólio de Constantinopla, a subscrição do *Tomus Leonis*. Ade-mais, Pulquéria e Marciano retomaram rapidamente contato com Roma e propuseram resolver as disputadas questões cristológicas em um novo concílio. Inicialmen-te, o Papa Leão mostrou-se reticente – no estado atual das coisas, que correspondia a seus desejos, pareceu-lhe aconselhável evitar novas discussões. Contudo, o casal imperial não se deixou dissuadir de seu plano: o concí-lio foi convocado para setembro de 451, a ser realizado em Niceia – certamente em memória do Primeiro Concílio Ecumênico naquele local –, posteriormente, porém, deslocado para Calcedônia, nas proximidades da capital, porque a situação geral parecia mais segura ali.

7.2 O Concílio de Calcedônia

O Papa Leão enviou, afinal, delegados ao Oriente que, segundo sua concepção, deveriam assumir a presidência do concílio e, acima de tudo, colocar em realce o *Tomus Leonis*. Contudo, a verdadeira condução do concílio ficou novamente nas mãos dos comissários imperiais; os embaixadores romanos, porém, assumiram os lugares de honra ao lado deles. Para o concílio, reuniram-se de 300 a 400 bispos – algumas fontes falam até mesmo de mais de 600, mas isso deve ser exagero. A maioria dos bispos vinha do Oriente, mas pela primeira vez, era claramente perceptível a influência romana em um concílio ecumênico.

O concílio confirmou o antigo julgamento contra Eutiques e sua cristologia monofisista, restabeleceu o finado Bispo Flaviano de Constantinopla e, em contrapartida, depôs o Bispo Dióscoro de Alexandria, responsável pelos escandalosos procedimentos do "Sínodo de Ladrões" de Éfeso, no ano 499. Pouco tempo depois, foi mandado para o exílio (para Gangra, na Paflagónia), onde morreu três anos depois.

Além destas questões pessoais, estavam pendentes as negociações sobre a reta doutrina: inicialmente, antigos documentos foram lidos e confirmados, em primeiro lugar o Credo de Niceia, de 325, que era considerado como fundamento e pedra de toque da ortodoxia. Foi apresentado e aprovado também o Credo de Constantinopla, de 381, que aqui, pela primeira vez, foi recebido por toda a Igreja. O próximo texto a ser aceito foi a Segunda Carta de Cirilo a Nestório – desse modo se deveria conectar com o Concílio de Éfeso, do ano 431, que já havia confirmado esta carta. Além do mais, agora ainda aparecia, porém, a Carta de Cirilo a João de Antioquia, com a qual ele havia consentido com a Fórmula de União de 433. E, finalmente, o *Tomus Leonis* foi lido. Os Padres Conciliares aclamaram: "Esta é a fé dos Padres. Esta é a fé dos Apóstolos. Todos nós cremos assim [...] Pedro pronunciou isto por meio de Leão [...] Cirilo assim ensinou. Eterna memória de Cirilo! Leão e Cirilo ensinaram a mesma coisa [...]" (ACO 2,1,2, p. 81).

A anuência do concílio à carta doutrinal do papa, a qual dois anos antes ainda fora supressa, significou um triunfo pessoal para o ausente Leão e, ao mesmo tempo, um ganho de prestígio para o papado, cuja posição no Oriente era tradicionalmente mais fraca do que no Ocidente. Contudo, não se deve negligenciar o fato de que os Padres Conciliares se reportaram no mesmo fôlego a outra autoridade, a saber, a Cirilo de Alexandria, morto em 444 – até à afirmação um tanto estranha: "*Leão e Cirilo ensinaram a mesma coisa*". Cirilo, a partir de sua tradição alexandrina, havia enfatizado particularmente a unidade em Cristo, ao passo que o papa, no *Tomus*

Leonis, não obstante a confissão em uma *única* pessoa de Cristo, havia elaborado a permanente diferença de suas duas naturezas. Por certo isso não era totalmente a mesma coisa... Isso sentiu também um grupo dos padres conciliares que, posteriormente, ainda censuraram algumas passagens do *Tomus Leonis* – por exemplo, a afirmação de que a forma (de Deus e do escravo) do Salvador, em comunhão com a outra correspondente, realizam o que lhes é próprio. Neste contexto, deve-se levar em consideração que muitos dos bispos reunidos, já haviam participado no "Concílio de Ladrões", em Éfeso – durante a reviravolta da política religiosa, por certo, sabiamente, haviam mudado de fronte, mas não haviam lançado fora *todas* as convicções!

Em todo caso, ficou claro que os textos dogmáticos até então apresentados não eram suficientes para obter consenso. Os comissários imperiais forçam, em seguida, a reelaboração de uma nova fórmula. Certamente os Padres Conciliares teriam preferido evitar isso, mas não podiam negar-se a um desejo expresso do imperador, particularmente com uma ameaça de transferência do concílio para o Ocidente. O primeiro esboço de texto, sob a responsabilidade do Bispo Anatólio de Constantinopla, levou a novas discordâncias, pois permaneceu discutível se ele estava em assonância ou em contradição com o *Tomus Leonis*. Na segunda tentativa, instituiu-se uma comissão que, com a colaboração dos delegados romanos, conseguiu elaborar uma fórmula capaz de alcançar consenso. Foi lida perante a assembleia, aprovada por unanimidade e transmitida ao imperador. Este decidiu que a definição de fé deveria ser assinada em uma sessão solene, na presença do casal imperial.

Esta sessão aconteceu no dia 25 de outubro do ano 451. O Imperador Marciano lembrou-se de seus esforços pela unidade da fé ortodoxa e enfatizou que ele, mediante sua presença no concílio, não queria exercer nenhum poder, mas apenas seguir o exemplo do piedoso Imperador Constantino (o que, certamente, era uma apresentação eufemística, mas que, de certa forma, correspondia à realidade: com efeito, o "piedoso Imperador Constantino" havia exercido poder sobre o Concílio de Niceia). Em seguida, os bispos assinaram a Fórmula de Fé e celebraram o casal imperial como novo Constantino e nova Helena. O concílio havia realizado suas tarefas.

O texto que os Padres Conciliares haviam aprovado assemelhava-se a um mosaico: no preâmbulo, inicialmente foram invocadas as tradições, a saber, o Credo de Niceia, de 325, o de Constantinopla, de 381, a 2ª Carta de Cirilo de Alexandria a Nestório, que havia sido aprovada no Concílio de Éfeso, em 431, assim como sua confirmação da Fórmula de União de 433 e, finalmente, o *Tomus Leonis*, que fora lido aqui, em Calcedônia. Ato contínuo, o concílio rejeitou duas heresias opostas, ou seja, de um lado, a crassa cristologia da separação, portanto, a doutrina de dois Filhos (que inadequadamente se designa de "nestorianismo" – o próprio Nestório não defendeu tal doutrina desta maneira).

De outro lado, foi condenado o monofisismo, segundo o qual a própria divindade de Cristo seria passível de sofrimento ou, inversamente, seu lado humano seria celestial. Foi também repudiada toda combinação ou mistura das duas naturezas de Cristo e a concepção de que antes da união, havia duas naturezas, mas depois, apenas uma. A preocupação da definição de fé foi encontrar o centro correto entre as duas posições cristológicas extremas:

> Seguindo, pois, os Santos Padres [...] com unanimidade ensinamos que se confesse que um só e o mesmo Filho, o Senhor nosso Jesus Cristo, perfeito na sua divindade e perfeito na sua humanidade, verdadeiro Deus e verdadeiro homem [composto] de alma racional e de corpo, consubstancial ao Pai segundo a divindade e consubstancial (*homoousios*) a nós segundo a humanidade, semelhante em tudo a nós, menos no pecado (cf. Hb 4,15), gerado do Pai antes dos séculos segundo a divindade e, nestes últimos dias, em prol de nós e de nossa salvação [gerado] de Maria, a virgem [e] deípara, segundo a humanidade; um só e o mesmo Cristo, Filho, Senhor, unigênito, reconhecido em duas naturezas, sem confusão, sem mudança, sem divisão, sem separação, não sendo de modo algum anulada a diferença das naturezas por causa da união, mas, pelo contrário, salvaguardada a propriedade de cada uma das naturezas e concorrendo numa só pessoa e numa só hipóstase; não

> dividido ou separado em duas pessoas, mas um único e mesmo Filho, unigênito, Deus Verbo, o Senhor Jesus Cristo, como anteriormente nos ensinaram a respeito dele os profetas, e também o mesmo Jesus Cristo, e como nos transmitiu o Símbolo dos Padres. Depois de termos estabelecido tudo com toda a possível acribia e diligência, o santo Sínodo ecumênico decidiu que ninguém pode apresentar, escrever ou compor uma outra fórmula de fé ou julgar ou ensinar de outro modo [...] (DH 300-303).

A primeira parte desta definição apresenta uma reformulação da Fórmula de União de 433, como se mostra na comparação: primeiramente, no entanto, aqui se acentua que Jesus Cristo é reconhecido como um único e mesmo Filho, isto é, Ele é somente um único. Com isso, o texto é colocado sob um título firme, que retorna nas formulações subsequentes: *Ele* é perfeito na divindade e perfeito na humanidade; *Ele* é verdadeiro Deus e verdadeiro homem; esta real humanidade é novamente de tal sorte esclarecida contra apolinarismo e arianismo, que Cristo possuía uma alma racional e um corpo, portanto, não era um torso humano. De igual modo, a consubstancialidade do Encarnado é redefinida: *Ele* é consubstancial ao Pai segundo a divindade e, por outro lado, é-nos consubstancial segundo a humanidade. A isso corresponde o nascimento *dele* do Pai segundo a divindade – antes de todos os tempos – bem como o nascimento de Maria, a Virgem e Deípara, no final dos tempos (aqui está, portanto, inserido também o título *theotokos*). Todas estas asserções se aproximam bastante da Fórmula de União de 433.

Por outro lado, é formulada novamente a segunda parte da definição que pretende esclarecer a controvertida relação da natureza divina e da humana na *única* pessoa de Jesus Cristo. Também neste caso, recorre-se a diretrizes – por exemplo, de Cirilo ou do *Tomus Leonis* –, mas são justamente colocadas em uma nova síntese: um e mesmo Cristo deve ser confessado em duas naturezas (que também *depois* da Encarnação continuam a existir) e, por certo, sem mistura e sem mudança, sem divisão e sem separação – isto soa quase paradoxal. Todavia, desse modo o preâmbulo da definição é implementado, no qual os dois extremos haviam sido rejeitados: em Cristo não há, justamente, nenhuma separação ou divisão das naturezas – isso resultaria na cristologia da separação; mas também não há nenhuma mistura ou mudança das naturezas – pois isso levaria ao monofisismo! A delimitação em relação à inaceitável doutrina leva ao paradoxo formulado por Calcedônia. Além disso, enfatiza-se a permanente diferença das naturezas e sua propriedade; ao mesmo tempo, porém, registra-se que elas se reúnem em *uma* pessoa e em *uma* hipóstase. Por conseguinte, o Filho Unigênito, o Deus Verbo e Senhor Jesus Cristo, não está dividido ou separado em duas pessoas, mas é um e mesmo – com o que estaríamos novamente no ponto de partida.

Se tentarmos avaliar o Credo de Calcedônia, deve--se constatar: no presente credo, são levadas em conta as preocupações genuínas dos partidos teológicos e cuidadosamente equilibradas: de um lado, as preocupações da cristologia antioquena, que queria ver a humanidade de Jesus preservada sem reservas. Jesus de Nazaré não era nenhum torso humano, nenhuma marionete do Verbo; Ele era *em tudo semelhante a nós, exceto no pecado*" – vale a pena explicar detalhadamente esta citação da Carta aos Hebreus (4,15) a fim de justificar a humanidade de Jesus: fraqueza e impotência, fome e dor, emoções e pensamentos humanos (podem-se incluir também erro e ignorância) eram-lhe tão pouco estranhas quanto a oração a Deus ou a obediência de fé. Registrar isso é enormemente importante para a integridade e credibilidade da cristologia, pois, de outra forma, ela ameaça resvalar em um mito ou em uma ficção. Os antioquenos fizeram frente contra tal mitologização da Encarnação e conseguiram impor sua preocupação no Credo: Cristo é verdadeiramente homem.

Contudo, a posição deles tinha também uma fraqueza: poderia dar a impressão de que se acrescentaria ao homem Jesus de Nazaré uma segunda pessoa, o Verbo, a Palavra divina, o eterno Filho de Deus. A unidade entre Deus e homem seria, então, em certa medida, somente uma conexão mental, uma construção lógica, mas não uma realidade. O homem Jesus teria sido distinto por uma conexão particular com Deus, a qual se diferenciaria, no final das contas, da proximidade dos profetas e dos santos em relação a Deus apenas quanto ao grau. Os alexandrinos protestaram veementemente contra isso, e com razão: para eles, o Verbo divino não é nenhuma segunda pessoa ao lado do homem Jesus; ele e Jesus são *"um e o mesmo"*, pois a divindade e a humanidade do Salvador estão unidas (sem separação ou mistura) em *uma* pessoa e em *uma* hipóstase (isto é, realidade autônoma). Somente a partir daí a afirmação da Encarnação *"Deus se fez homem"* adquire seu pleno direito, sem que, com isso, se devesse pensar forçosamente em uma mudança na natureza divina ou humana.

Era de importância decisiva que, na descrição da Encarnação, às palavras "natureza", de um lado, "pessoa" e "hipóstase", de outro, fossem atribuídos vários níveis. Ambos os partidos estavam originalmente acostumados a utilizá-los em correspondência recíproca: os antioquenos tinham tido como ponto de partida as duas naturezas do Salvador, que eles consideravam como duas realidades (hipóstases) diversas que, a cada vez, aparecem como *prosopon*, ao mesmo tempo, porém, podem ser unidas em *um prosopon* do Senhor Jesus Cristo. Em sentido contrário, os alexandrinos partiam da *única* realidade (hipóstase) e da *única* pessoa do Salvador, à qual então, só podia corresponder *uma* natureza, justamente *"a natureza encarnada do Deus Verbo"*. A Fórmula de Calcedônia escapou deste dilema, na medida em que usou as palavras "pessoa" e "hipóstase" exclusivamente para a unidade do Salvador, ao passo que, tendo em vista sua divindade e sua humanidade, fala de duas naturezas cuja propriedade, não obstante a união, é preservada. Mediante esta definição equilibrada (para a qual existe uma analogia na doutrina da Trindade, quando ali se diferencia conceitualmente entre a *única* natureza e as *três* hipóstases da divindade), conseguiu-se preservar a identidade de sujeito do Salvador, sem subtrair nada à realidade de seu lado humano ou divino – isso já era quase a quadratura do círculo...

Certamente, nesta fórmula, a fé é revestida novamente em formas tipicamente gregas; aqui não se pensa biblicamente, mas ontológico-metafisicamente, e são utilizados termos filosóficos. No caso, por exemplo, é problemático o conceito de pessoa utilizado, porque não pode simplesmente ser identificado com o nosso. A linguagem do Credo é, portanto, condicionada pelo tempo, moldada pela cultura de então – só que: para qual língua isso não se aplica? Devemos justamente, uma e outra vez, tentar novamente compreender o que se quis dizer e traduzir em nossa língua.

Uma segunda crítica versa sobre o fato de que o Concílio de Calcedônia também deixou questões abertas: enquanto Cirilo, com a maior clareza possível, havia constantemente identificado o Verbo divino como aquela hipóstase (realidade autônoma) que "se apropriara" da humanidade de Jesus e a "unira hipostaticamente", a Fórmula de Calcedônia não parece assim tão inequívoca: aqui, o *"Senhor Jesus Cristo"* é designado como *"um e mesmo Filho"* (lembramos que, para Nestório, isso teria sida perfeitamente aceitável) e mais uma vez corrobora que *"um e mesmo é o Cristo, o Filho unigênito e Senhor"*; o Verbo divino é mencionado uma única vez, quando se diz: "não dividido ou separado em duas pessoas, mas um único e mesmo Filho, Unigênito o Filho, unigênito, Deus Verbo, o Senhor Jesus Cristo", enquanto a respeito da "propriedade de cada uma das naturezas", diz-se que "é preservada e concorre numa só pessoa e numa só hipóstase". As formulações colocam a pergunta sobre se nessa *única* pessoa e hipóstase se trata decididamente do Verbo divino – pode-se assim interpretar (no sentido de Cirilo), sem que, no entanto, se seja forçado a isso – ou de algo novo, que surge somente mediante a Encarnação. E fica insolúvel o problema de qual o grau de "realidade autônoma" cabe à natureza humana de Jesus, se já não se pode relacioná-la com o conceito de hipóstase. Tais inseguranças deveriam manter pendente a discussão subsequente.

Resta ainda acrescentar, porém, que o Concílio de Calcedônia, após a definição da fé, tomou ainda outras decisões: de um lado, tratou-se da reintegração de bispos anteriormente condenados e, a propósito, surgiu um conflito em torno do Bispo Teodoreto de Cirro, o líder espiritual dos antioquenos, que havia sido reabilitado pelo papa e admitido ao concílio. Ele havia apoiado a Fórmula de Calcedônia, mas era suspeito para grande parte dos Padres Conciliares porque ele, durante 20 anos, recusara-se a condenar seu amigo banido Nestório. Funciona como uma contrarreação ao ganho de prestígio da cristologia antioquena o fato de ele, agora, ter-se visto sobre forte pressão e, finalmente, coagido a pronunciar o anátema contra Nestório.

Outra preocupação do concílio era a aprovação de cânones do Direito Canônico, entre eles o famoso cânone 28, que concedia ao bispo da capital Constantinopla, no Oriente, prerrogativas eclesiais comparáveis às do bispo da antiga Roma, no Ocidente. Os embaixadores romanos protestaram contra este cânone, e o Papa Leão ficou tão furioso a respeito, que hesitou durante um ano e meio em confirmar oficialmente o Concílio de Calcedônia. Somente quando o Imperador Marciano advertiu que os seguidores do condenado Eutiques iriam explorar propagandisticamente a negação do papa, Leão quebrou seu silêncio e aprovou as decisões de 451 em toda a forma, mas apenas na medida em que diziam respeito à fé – *"in sola... fidei causa"* (*Ep.* 114, ACO 2,4, p. 70s., ou seja, 2,1,2, p. 61s.). Ele continuou a rejeitar o cânone 28 – que permaneceu um marco no estranhamento entre a Igreja Oriental e a Ocidental.

7.3 A história posterior ao Concílio de Calcedônia

A fim de compreender o desenvolvimento ulterior, devemos tomar consciência de que a política religiosa imperial sempre buscava a meta de preservar ou restabelecer a unidade eclesial, a fim de estabilizar o império. No tempo de Constantino e de Teodósio I, esta política (nas discussões em torno da doutrina trinitária) ainda tinha sido largamente bem-sucedida, mas logo Teodósio II, no Concílio de Éfeso, de 431, não conseguiu unir a

Igreja dividida, e sua tentativa, em 449, de impor o monofisismo revelara-se como insucesso. A discussão em Calcedônia, em 452 d.C., certamente levou a um consenso oficial, mas tal consenso ocultava que, no leste do império, continuava a haver grandes reservas contra a ênfase nas duas naturezas de Cristo, tal como se expressava no *Tomus Leonis* e na Fórmula de Calcedônia. Muitos bispos orientais viam aí um ressurgimento do "nestorianismo" (condenado). Conseguintemente, não admira que o Concílio de Calcedônia não tenha conseguido assegurar por muito tempo a unidade da Igreja no Oriente. No caso, naturalmente desempenharam um papel não apenas razões teológicas, mas também diferenças nacionais, étnicas e culturais entre as partes individuais do império, as quais progressivamente desenvolveram uma dinâmica centrífuga.

O Egito, principalmente, não conseguia engolir a derrota e a deposição de seu patriarca Dióscoro. Seu sucessor calcedônio foi assassinado seis anos após o concílio. Sucedeu-o, com Timóteo Eluro, um seguidor de Dióscoro, que já o havia acompanhado ao "Sínodo de Ladrões", de Éfeso. Ele permaneceu fiel à linha monofisista de Dióscoro, fortemente enraizada no Egito. A partir destes inícios, desenvolveu-se a Igreja Copta, que se obstinava na oposição a Calcedônia. A situação era semelhante no ambiente siro-palestinense: em Antioquia, com Pedro Fulo, no ano 470/471, estabeleceu-se pela primeira vez um patriarca anticalcedônio, que fundou uma tradição monofisista que, no século VI, foi defendida acima de tudo pelo patriarca Severo de Antioquia e Jacó Baradai; derivando do nome deste último, os seguidores desta Igreja Siro-Antioquena foram chamados frequentemente de jacobitas. Além disso, a Armênia, a Núbia e a Etiópia ficaram sob a influência dos adversários de Calcedônia.

Hoje, na era do diálogo ecumênico, já não se designam tais Igrejas de monofisistas, porque no diálogo se ressaltou que elas, de maneira alguma, compartilham a posição radical de Eutiques, condenado em seu tempo. A correta designação agora é "Igrejas Ortodoxas Orientais"; destas fazem parte a Igreja Ortodoxa Copta, a Igreja Ortodoxa Etíope, a Igreja Ortodoxa Síria (com uma ramificação na Índia) e a Igreja Ortodoxa Armênia. Quanto ao conteúdo, estas Igrejas são concordes quanto ao fato de não terem aceitado a Fórmula de Calcedônia – razão por que ocasionalmente elas também são chamadas de pré-calcedônias ou não calcedônias, ou antigo-orientais. Em lugar da doutrina das duas naturezas, estas Igrejas orientam-se pela doutrina da "*única* natureza encarnada do Deus Verbo", que Cirilo de Alexandria havia defendido, e aceitam apenas os três primeiros concílios ecumênicos como vinculativos, embora o diálogo das confissões, entrementes, tenha produzido uma conformidade básica na fé. Se nos lembrarmos de que, além dessas igrejas "miafisistas", também ainda continuava a existir a Igreja Siro-Oriental, que polemicamente foi designada como "nestoriana", então se torna claro como já era grande a pluralidade confessional no final do século V.

O destino dessas Igrejas estava sujeito a oscilações políticas: de quando em quando, a linha oficial da Igreja do império seguia o Concílio de Calcedônia – seus seguidores eram, portanto, notórios no Egito e na Síria como "melquitas", isto é, seguidores do imperador. Em benefício da unidade da fé, os imperadores procuravam repetidamente depor os patriarcas oposicionistas, a fim de ajudar a prevalecer a linha oficial, sem que tenham tido, no entanto, algum êxito duradouro neste empenho. Outra tática completamente diferente consistia em condescender com os adversários de Calcedônia, descobrir novas formas de concessão que deveriam possibilitar um acordo – tais reiteradas tentativas, porém, malograram, não por último devido à coerente postura de Roma e das Igrejas do Ocidente, as quais se atinham, quase sem exceção, a uma rígida doutrina das duas naturezas.

No ano 475, um usurpador chamado Basilisco expulsou o legítimo imperador bizantino e tentou consolidar sua posição político-eclesial na medida em que publicou uma carta circular (*enkyklion*) que condenava explicitamente o *Tomus Leonis* e o Concílio de Calcedônia. Supostamente, 500 bispos do Oriente subscreveram o documento que Basilisco, pouco tempo depois, certamente revogou quando sentiu sua queda iminente. Contudo, isso lhe foi pouco útil, pois no ano 476, o imperador legítimo, Zenão, retornou ao trono.

No entanto, ele também não conseguiu restabelecer a unidade da Igreja e, por conseguinte, em colaboração com o patriarca de Constantinopla, Acácio, e com o patriarca de Alexandria, o monofisista Pedro Mongo, no ano 482 promulgou uma nova lei religiosa, o assim chamado "Henótico". Ele condenava os dois extremos, Nestório e Eutiques, corroborava os três primeiros concílios ecumênicos, reportou-se aos doze anatematismos de Cirilo de Alexandria que não haviam sido aceitos em Calcedônia, e não disse nenhuma palavra sobre as duas naturezas de Cristo. O Concílio de Calcedônia e o *Tomus Leonis* não foram expressamente condenados; no entanto, foi ameaçado com o anátema quem se tivesse desviado ou se desviasse da linha prescrita, *"seja em Calcedônia, seja em outro sínodo"* (cf. Evagrius Scholasticus, *Historia ecclesiastica* 3,14).

A coisa toda foi pensada obviamente como concessão; entretanto, contribuiu antes para a confusão da situação e teve como consequência o assim chamado "Cisma Acaciano", visto que, no ano 484, o Papa Félix III suspendeu a comunhão da Igreja com os representantes do Henótico. Somente em 518/519, Constantinopla regressou ao Concílio de Calcedônia. No entanto, o Henótico fora bem-sucedido na Armênia, onde a lei foi aceita nos sínodos no final do século V, começos do século VI; isso valia também para a Geórgia que, mais tarde, porém, no começo do século VII, ligou-se ao assim chamado neocalcedonismo. Este neocalcedonismo, fundado pelo Imperador Justiniano I (527-565), significava, por sua vez, uma aproximação das igrejas monofisistas, o que, no entanto, por seu turno, ficou sem ressonância decisiva.

Já sob o antecessor Justino (518-527), Justiniano, que era seu sobrinho e filho adotivo, havia demonstrado envolvimento pessoal nos debates cristológicos quando um grupo de monges *"citas"* (da região da foz do Danúbio), por volta de 519, propagava em Constantinopla a fórmula *"Um da Trindade foi crucificado"*. A preocupação deles era responder à pergunta pela *única* pessoa, isto é, hipóstase do Salvador, que o Concílio de Calcedônia não havia esclarecido inequivocamente, a fim de eliminar toda aparência de "nestorianismo" da doutrina eclesiástica: o sujeito da Encarnação e, portanto, também da crucifixão seria *"um da Trindade"*, ou seja, o Verbo divino. No sentido da comunicação dos idiomas, a fórmula dos monges *citas* era plenamente aceitável, mas se podia também (mal)compreendê-la e pressupor que a crucifixão, aqui, é atribuída ao Verbo em sua divindade, o que contradizia a doutrina das duas naturezas. Uma delegação dos monges *citas* viajou a Roma no verão de 519 a fim de conquistar o apoio do Papa Hormisda. Justiniano que, inicialmente arrostou o avanço deles de forma depreciativa, entrementes mudara sua opinião e tornara-se defensor deles; o papa, no entanto, não se deixou persuadir para o reconhecimento da fórmula.

Por certo, Justiniano viu nesta fórmula evidentemente um meio de privar de seus argumentos os adversários de Calcedônia. Depois que ele se tornara autocrata, em 533, promulgou um edito de fé no qual se dizia: "Um da Trindade, o Deus Verbo, encarnou-se" e condenava quem negasse a frase: "Nosso Senhor Jesus Cristo, o Filho de Deus e nosso Deus, tornou--se carne e homem, pregado na cruz, e é um da santa e consubstancial Trindade" (*Codex Iustiniani* 1,1,6). Deste modo estava decidida a questão em torno do portador das duas naturezas do Salvador, e justamente pelo imperador que, como nenhum de seus antecessores, participou do conteúdo dos debates cristológicos. Pouco tempo depois, Justiniano enviou dois bispos a Roma a fim de conseguirem ali o reconhecimento da fórmula *cita*. Diferentemente de Hormisda, o Papa João II confirmou expressamente a afirmação de que "Cristo seja um da santa Trindade, isto é, uma santa pessoa ou subsistência – a que os gregos chamam hipóstase – das três pessoas da santa Trindade" e, portanto, "Deus que sofreu na carne", embora a divindade, em si, seja impassível (DH 401). Desse modo, foi também confirmado pelo bispo de Roma que a *única* hipóstase do Salvador não é constituída somente mediante a Encarnação, mas deve ser compreendida como a hipóstase do divino Verbo (como desde sempre tinha sido a preocupação cristológica de Cirilo de Alexandria).

7.4 A "Controvérsia em Três Capítulos" e o Segundo Concílio de Constantinopla

Nos anos seguintes, os esforços do Imperador Justiniano para restabelecer a unidade da Igreja sobre o terreno de um Concílio de Calcedônia especificado não foram coroados de êxito. No Oriente, era profunda a desconfiança em relação às alegadas tendências "nestorianas" do concílio, o que levou muitos bispos a aterem-se à doutrina da *única* natureza do Salvador. O imperador viu-se obrigado a fazer maiores concessões.

A maneira correta para fazer isso parecia-lhe ser a condenação de três proeminentes representantes da cristologia antioquena, que desde os tempos dos concílios de Éfeso, em 431, e de Calcedônia, em 451, sempre foram insuportáveis para seus adversários: tratava-se do Bispo Teodoro de Mopsuéstia, considerado como "mestre" de Nestório, o Bispo Teodoreto de Cirro, que havia combatido literariamente contra a cristologia alexandrina, particularmente contra os doze anatematismos de Cirilo de Alexandria, deposto no "Sínodo de Ladrões" de Éfeso, em 449, e reabilitado dois anos depois em Calcedônia (contra considerável resistência). No fogo cruzado da crítica, encontrava-se também o Bispo Ibas de Essa, que em uma carta ao bispo persa Maris, defendera Teodoro de Mopsuéstia e Nestório, mas atacara Cirilo de Alexandria como herege, porque este pensava como Apolinário de Laodiceia. Ibas estivera igualmente presente no "Sínodo de Ladrões" de Éfeso e no Concílio de Calcedônia, como Teodoreto. Todos três teólogos estavam mortos havia muito tempo, e, conseguintemente, surgia a questão de se poderiam absolutamente ser condenados postumamente – um problema que, no caso de Teodoreto e de Ibas, tornara-se mais exacerbado porque eles haviam sido reabilitados em seus cargos por um concílio ecumênico.

190

O Imperador Justiniano, que não queria questionar fundamentalmente as decisões de Calcedônia, procedeu de maneira diferenciada contra esses teólogos: um edito do ano 544/545 enumerava três condenações doutrinais (grego: *kephalaia*, latim: *capitula*), que, de um lado, rejeitavam *a pessoa e a obra* de Teodoro de Mopsuéstia; de outro, (apenas) *os escritos anticirilianos* de Teodoreto de Cirro, assim como a *Carta* ao persa Maris, que, ademais, foi negada a seu verdadeiro autor, Ibas de Edessa, e foi considerada uma falsificação. Deste modo, estava esboçada a linha imperial na assim chamada "Controvérsia dos Três Capítulos".

Os patriarcas do Oriente aceitaram o edito imperial, apesar de algumas preocupações, enquanto no Ocidente (entre outros, na Sardenha, no Norte da África, na Ilíria) formava-se franca resistência. Justiniano via no Papa Vigílio a figura-chave para a execução de seu plano. Dado que, durante a guerra contra os ostrogodos na Itália, fora lhe oferecida uma ocasião propícia, fez-se raptar por suas tropas em 545 da Roma recuperada e, posteriormente, fez-se conduzir para Constantinopla. Nas discussões ali, o papa desempenhou um papel inglório: de um lado, foi pressionado pelo imperador e pela Imperatriz Teodora à condenação dos "Três Capítulos"; de outro, foi ameaçado pelas Igrejas do Ocidente em razão dessa condenação (um sínodo africano chegou até mesmo a excomungar o papa por volta do ano 550). Vigílio manteve postura vacilante em relação aos "Três Capítulos", e chegou-se a cenas dramáticas: por duas vezes o papa teve de recorrer a Igrejas por asilo a fim de poder subtrair-se à pressão do imperador; somente a muito custo é que as relações puderam normalizar-se novamente.

A fim de esclarecer definitivamente a controvérsia, o Imperador Justiniano convocou um novo concílio ecumênico em Constantinopla para o ano 553. O Papa Vigílio, porém, negou-se a participar das assembleias. Os Padres Conciliares condenaram, como o imperador exigia, os "Três Capítulos", depois que eles haviam respondido positivamente à pergunta sobre se o anátema podia também ser imposto a defuntos, mediante o recurso a casos precedentes. Um documento sobre a posição do papa, que certamente rejeitava diversas frases das obras de Teodoro de Mopsuéstia, mas que se opunha a condenar postumamente bispos que haviam morrido em comunhão com a Igreja, levou apenas a que, antes da assembleia conciliar, fossem lidos os posicionamentos contraditórios de Vigílio nos seis anos anteriores, a fim de tornar o papa impossível. O concílio concluiu seu trabalho em dissenso com o bispo romano. Vigílio, que fora preso em Constantinopla e que, entrementes, adoecera, viu-se coagido a ceder e condenou definitivamente os "Três Capítulos" no início do ano 554. Um ano depois, foi-lhe permitido o retorno a Roma; no entanto, morreu na Sicília durante a viagem. Seu futuro sucessor, Pelágio, que, como diácono, durante os anos em Constantinopla, havia corroborado Vigílio na oposição, contra a condenação dos "Três Capítulos", de sua parte agora realizou uma reviravolta e confirmou as decisões do concílio, presumivelmente a fim de assegurar-se do apoio do imperador. No ano 556, ordenado em Roma, Pelágio teve de confrontar-se com a oposição ocidental à decisão do Concílio de Constantinopla durante todo o seu pontificado. No entanto, o fato de a jogada do Imperador Justiniano não ter alcançado o efeito desejado também no Oriente, não evitou a tragédia: os adversários monofisistas do Concílio de Calcedônia não desistiram de sua resistência apesar da condescendência motivada por interesse político-religioso.

Mais importante para nosso contexto é o fato de o Concílio Ecumênico de Constantinopla, em 553, ter deslocado mais uma vez a ênfase da cristologia eclesiástica – tais mudanças de acento já haviam acontecido várias vezes: após o Concílio de Éfeso, em 431, durante o qual Cirilo de Alexandria finalmente saíra vencedor, a cristologia antioquena havia recuperado sua influência mediante a Fórmula de União de 433. O "Sínodo de Ladrões" de Éfeso, do ano 499, pretendia neutralizar tal influência, mas a mudança político-religiosa depois da morte do Imperador Teodósio II deu ensejo a que no Concílio de Calcedônia, de 451 (ainda sob a impressão do *Tomus Leonis*), fossem harmonizadas as preocupações dos partidos opositores na fórmula cristológica recém-concebida (que falava das duas naturezas do Salvador em uma pessoa ou hipóstase). Cerca de 100 anos mais tarde, porém, foi "aprimorada" no sentido da cristologia alexandrina de Cirilo, a fim de dissipar as hesitações em relação à doutrina das duas naturezas do Concílio de Calcedônia.

Isto se evidencia nos anatematismos que o Concílio de Constantinopla, de 553, aprovou (COD 1, p. 114-122). Em parte, haviam sido formulados previamente em um edito de fé do imperador, do ano 551, o que sublinha, mais uma vez, o papel dominante de Justiniano neste debate. Nestes anatematismos, enfatiza-se o duplo nascimento do Deus Verbo (ou seja, da segunda pessoa divina) – do Pai, antes dos tempos; no fim dos dias, da deípara Maria (*Anathem.* 2), a identidade do Senhor Jesus Cristo com o Deus Verbo, que se encarnou e habitou na humanidade; a este *único*, devem ser atribuídos já os milagres, já os sofrimentos que Ele padeceu na carne, razão por que é errado falar de uma coexistência (grego: *syneinai*) do Deus Verbo com Cristo, que nasceu de uma mulher (*Anathem.* 3). O conceito de "unificação" é detalhado: rejeita-se a concepção de uma mistura, como Eutiques ou Apolinário teriam defendido, mas igualmente a unificação no sentido de uma relação (de Deus e do ser humano), que levaria a uma separação, como corresponde aos ensinamentos de Teodoro e de Nestório; a Igreja confessa, antes, a unificação do Deus Verbo com a carne no sentido de uma composição (grego: *synthesis*), ou seja, segundo a hipóstase (*Anathem.* 4). O fato de aqui o termo "síntese" ter sido aceito oficialmente torna-se problemático quando se recordam os conceitos dos arianos ou dos apolinarianos, segundo os quais o Salvador era formado por "componentes" humanos e divinos; contudo, aqui, acima de tudo, deve-se registrar que, no caso da *única* hipóstase encarnada do Deus Verbo, trata-se de uma realidade complexa – ainda não estava disponível terminologia mais adequada para a existência da humanidade de Jesus na hipóstase divina.

O próximo anatematismo quer esclarecer em que sentido o Concílio de Calcedônia falou da *única* hipóstase do Senhor Jesus Cristo: esta linguagem não pode ser compatível com uma pluralidade de hipóstases (ou seja, uma hipóstase divina e outra humana no *único* Salvador), mas visa (unicamente) ao Verbo de Deus que, segundo a hipóstase, uniu-se à carne. "Com efeito, a santa Trindade não experimentou nenhum acréscimo de uma [outra] pessoa ou hipóstase, posto que o Deus Verbo, um da Trindade, tenha-se encarnado" *(Anathem.* 5). Aqui se trata de uma interpretação posterior da Fórmula de Calcedônia no sentido da cristologia alexandrina que, pouco depois, é também estendida à afirmação do Concílio de Calcedônia, segundo a qual Cristo é reconhecido *"em duas naturezas"*: não se deveria entender esta mudança no sentido de uma divisão, mas se deveria confessar o número das naturezas em vista do mesmo *único* Senhor Jesus Cristo, o Deus Verbo encarnado; somente no intelecto (grego: *teoria*) a diferença destas naturezas é compreensível, das quais Ele foi composto, sem que tal diferença seja supressa por causa da unificação, pois Ele é *um* de ambas e mediante *um*, ambas. Aquele, porém, que usa o número como se as naturezas estivessem separadas e tomadas por si, possuíssem uma hipóstase própria (grego: *idiohypostatos*), seja condenado (*Anathem.* 7). É notável que o concílio, em seguida, se expresse também quanto ao uso correto da fórmula da "*única* natureza do Verbo encarnado", que Cirilo de Alexandria havia utilizado várias vezes: aquele que confessa que a unificação acontece *a partir de* duas naturezas, divindade e humanidade, ou quem confessa a *única* natureza do Deus Verbo encarnado, deve assim compreender que, em razão da unificação da natureza divina e da natureza humana, que acontece segundo a *hipóstase*, foi gerado *um* Cristo; com base em tais expressões, não se deve tentar introduzir *uma* natureza (grego: *physis*) ou *uma* essência (grego: *ousia*) da divindade e da carne de Cristo, pois não há nenhuma mistura das naturezas entre si (*Anathem.* 8). Tal afirmação não deve ser entendida de tal sorte que aqui a fórmula da *única* natureza do Encarnado deva aparecer em pé de igualdade com a doutrina das duas naturezas (tal proposta também havia sido feita nas discussões anteriores). Ao contrário, aqui também se especifica corretivamente: aquele que (como Cirilo) fala da única natureza do Encarnado, deve fazê-lo no sentido da unificação *hipostática* – uma unificação *física*, por outro lado, não há. Tais esclarecimentos podem ser lidos hoje completamente no sentido da linguagem ecumênica consensual, porque eles não negam de antemão a respectiva ortodoxia de cada lado.

Por fim, é digno de menção o fato de que também a fórmula dos monges citas (cf. acima) encontrou repercussão no Concílio de Constantinopla: "Aquele que não confessa que Nosso Senhor Jesus Cristo, crucificado na carne, é Deus e Senhor da Glória e um da santa Trindade, seja condenado" *(Anathem. 10)*.

Se não se levar em consideração a questionável condenação dos "Três Capítulos", que não faz jus ao nível e à dinâmica da reflexão cristológica 100 anos antes, o Concílio de 553, no entanto, deu uma importante contribuição para a formulação do dogma cristológico na medida em que confirmou a diferença dos dois níveis ontológicos (*unidade* da pessoa ou hipóstase do Salvador, *dualidade* de naturezas); ao mesmo tempo, porém, respondeu à obscura pergunta sobre quem ou o que exatamente se tem em mente com a *única* hipóstase do Encarnado. O Verbo divino é aquele cuja hipóstase (não: cuja natureza) se apropriou da natureza humana de Jesus. No entanto, resta aberto como esta natureza humana existe na hipóstase do Verbo, uma vez que não é permitido compreendê-la como "auto-hipostática" – aqui, o conceito da "composição" mostra-se pouco útil, mas o concílio não encontrou uma formulação melhor.

Mediante o Concílio de Constantinopla, de 553, a cristologia eclesial, levando em consideração amplos círculos no leste do império, voltou a ter de novo um colorido "alexandrino", sem que, no processo, o Concílio de Calcedônia tivesse sido abandonado. Contudo, mesmo assim, ainda não havia sido dita a última palavra no debate.

7.5 Esclarecimentos adicionais: o monenergismo e o monoteletismo

O motivo da estabilização do império mediante a unidade da fé – perante a ameaça dos ávaros, persas e, posteriormente, dos árabes – continuou a determinar a política religiosa imperial no século VII. Desempenhou também um papel na controvérsia com o monenergismo e o monoteletismo; no entanto, o surgimento deste tema é explicável, ao mesmo tempo, a partir da dinâmica das discussões cristológicas até então.

Depois que o Concílio de Calcedônia, em 451, havia distinguido os níveis ontológicos da *única* pessoa ou hipóstase do Salvador e de suas duas naturezas, o Concílio de Constantinopla, de 553, mais uma vez identificara inequivocamente a *única* hipóstase do Salvador com o Verbo Divino, que é o verdadeiro "portador", o "sujeito" final de ambas as naturezas, surge quase forçosamente a pergunta a respeito de em qual nível se devem situar a operação (grego: *energeia*) e a vontade (grego: *thelema*) do Salvador. Se alguém quisesse declarar as duas coisas da hipóstase encarnada do Deus Verbo como o único sujeito de todas as operações do Salvador (como dá a entender a concepção de um "sujeito"), haveria apenas uma operação e uma vontade divino-humanas, o que significaria mais um passo na direção da cristologia alexandrina de Cirilo – motivada pela (vã) esperança de, desse modo, ainda conquistar os adversários do Concílio de Calcedônia. Se ambas as realizações, porém, devessem ser atribuídas às naturezas (puras e indivisas) do Verbo encarnado, também se deveria pressupor uma operação e uma vontade humana e divina do Salvador, o que colocaria certamente a questão de se ambas poderiam estar em contradição mútua – um horror, não apenas aos olhos de Apolinário de Laodiceia, condenado no passado, mas também do ponto de vista dos adversários contemporâneos de Calcedônia. Na controvérsia em torno da interpretação deste concílio, portanto, foi necessário retomar uma vez mais a pergunta de quão seriamente se deve tomar a verdadeira humanidade do Salvador no âmbito da cristologia da Encarnação.

Desde o começo de seu mandato, o patriarca Sérgio de Constantinopla (610-638) tentou sondar as possibilidades de recuperar para a Igreja Imperial agrupamentos monofisistas mediante a doutrina da *única* ação divino-humana do Salvador, sem, no processo, colocar fundamentalmente em questão a doutrina das duas naturezas do Concílio de Calcedônia. Que tal manobra tenha sido percebida como concessão político-religiosa, atesta-o um ditado dos círculos monofisistas: "Não fomos nós que nos ligamos a Calcedônia, mas Calcedônia se ligou a nós, porque mediante a única ação [agora também ao mesmo tempo], ela confessa uma natureza de Cristo (cf. o texto em BOOR, 1980, p. 330).

A investida de Sérgio encontrou anuência em parte (por exemplo, o Bispo Ciro, que desde 631 era patriarca de Alexandria e ali realizara uma união com um partido monofisista), mas também forte resistência da parte do monge hierosolimitano Sofrônio que, posteriormente, em 634, deveria tornar-se patriarca de Jerusalém. Sua objeção de que a doutrina das duas naturezas, formulada em Calcedônia, implicaria duas formas de operar, não obstante a *única* pessoa do Salvador realizasse ambas as ações, levou Sérgio a um recuo tático: em uma decisão (grego: *psephos*) do ano 633, ele deu instrução para que não se falasse nem de *uma*, nem de duas ações do Salvador, visto que ambas traziam perigos consigo. Uma *única* ação do Salvador poderia ser interpretada como supressão de suas duas naturezas; se, ao contrário, alguém pressupusesse duas atividades do Salvador, seria forçado a admitir também duas vontades em Cristo que estariam contrapostas uma à outra, tal "como se o Deus Verbo quisesse assumir o sofrimento redentor, mas sua humanidade se opusesse à sua vontade e o impedisse". Desse modo, certamente teriam sido introduzidos dois que queriam o oposto, o que seria ímpio. "De fato, em um e mesmo [sujeito] (*en heni kai to auto*) não podem existir duas vontades que, ao mesmo tempo e no mesmo aspecto, queiram o contrário" (cf. ACO II,2,2, p. 540-546, aqui, p. 542).

Esta decisão, que pretendia resolver o problema mediante uma proibição tática da discussão, mas que, ao mesmo tempo, excluía duas vontades (opostas) em Cristo, foi enviada a Roma por Sérgio também ao Papa Honório, que se referiu à argumentação de seu colega de ministério de Constantinopla em uma carta: nesta, ele elogia sua cautela e ponderação, e confirma que "nosso Senhor Jesus Cristo é um e mesmo que opera o divino e o humano". A controvérsia em torno de uma ou duas maneiras de operar do Salvador é considerada pelo papa como sutileza teológica que poderia suscitar incômodo nos fiéis mais simples, porque ela levaria ou ao nestorianismo ou ao eutiquianismo. Mais significativo, certamente, foi o posicionamento de Honório em relação à vontade do Salvador: "Confessamos uma vontade de nosso Senhor Jesus Cristo porque, de fato, nossa natureza, não nossa culpa, é que foi assumida pela divindade"; uma vez que Cristo foi concebido pelo Espírito Santo sem pecado, e sem pecado nasceu da Virgem Maria, "em seus membros não havia nenhuma outra lei (como Paulo constata em si mesmo em Rm 7,23) e nenhuma vontade que fosse diferente ou contrária ao Salvador". Obviamente Honório queria (como Sérgio, anteriormente) excluir que em Cristo houvesse um conflito de quereres opostos. Para isso aponta também sua interpretação de Mt 26,39: Quando Cristo disse, "Não o que eu quero, mas o que tu queres, Pai [deve acontecer]", então isso não é manifestação de vontades diferentes; ao contrário, isto "é dito por nossa causa, porque nos deu um exemplo, de modo que seguindo seus passos [...] em todas as coisas deve ter a primazia não a própria vontade, mas a de Deus" (ACO II,2,2, p. 548-558). O problema que o texto bíblico suscita aqui é, portanto, "desativado"; ao mesmo tempo, porém, a luta de oração de Jesus no Getsêmani é banalizada como evento didático.

O apoio de Roma (que não fez jus à natureza explosiva do tema) proporcionou a Sérgio a liberdade de, no ano 638, com a aprovação do Imperador Heráclio, promulgar um decreto de fé (grego: *ekthesis*) que proibia novamente a discussão sobre *uma* ou *duas* maneiras de operar do Salvador. O decreto segue a argumentação do *Psephos*, de 633, mas agora formula sem ambiguidades a posição monoteletista:

> Por conseguinte [...] confessamos uma vontade de nosso Senhor Jesus Cristo, do verdadeiro Deus, de modo que sua carne, dotada de razão, separadamente e por estímulo próprio, em momento algum realizou seu movimento natural contra a instrução do Deus Verbo, unido a ele hipostaticamente, mas somente quando, como e enquanto o próprio Deus Verbo o quis (ACO II,1, p. 156-162, aqui, p. 160).

A éctese foi confirmada em um sínodo em Constantinopla, e o Imperador Heráclio mandou entregá-la (entre outras coisas) também na Itália, a fim de ali obter a assinatura do papa. Nesse ínterim, porém, o Papa Honório havia morrido, e seus sucessores Severino († 640) e João IV (640-642) não aceitaram a exigência do imperador, ao contrário: no ano 641, o Papa João, mediante um sínodo, condenou o monoteletismo. A fim de desarmar a disputa, no ano 648, sob o Imperador Constante II, neto ainda menor de idade de Heráclio, foi publicado outro edito (grego: *typos*) que suspendeu a éctese e agora proibia o litígio em torno de *uma* vontade ou *uma* operação ou *duas* vontades ou *duas* operações do Salvador. Entretanto, fracassou também esta tentativa de restabelecer a paz mediante um decreto imperial.

Com efeito, também o Papa Teodoro I (642-659) e o Papa Martinho I (649-653/655) seguiram o mesmo curso de seus predecessores imediatos – ainda no ano 649, foi convocado um novo Sínodo no Latrão que, segundo as atas gregas e latinas, confessou expressamente as duas naturezas do Salvador, puras e indivisas, e igualmente "suas duas vontades naturais (grego: *dyo ta kata physin thelemata;* latim: *duas naturales voluntates*), a divina e a humana" (DH 500). Os cânones do sínodo corroboraram a doutrina dos cinco concílios ecumênicos, mas nos *cânones* 10-16 (DH 510-516), tomou também resoluta posição na controvérsia em torno do monoteletismo e do monenergismo: é condenado quem verdadeiramente não confessa *duas* vontades ligadas e unidas entre si, e do mesmo e único Cristo (*cân.* 10), e igualmente *duas* operações ligadas e unidas entre si (grego: *energeiai;* latim: *operationes*), e do mesmo Cristo (*cân.* 11), mas, em vez disso, fala de uma natureza, *uma* vontade ou de *uma* operação de Cristo (*cân.* 12-14). É rejeitado também o discurso sobre *uma* (em vez de uma dúplice) "operação divino-humana" (grego: *theandrike energeia;* latim: *deivirilis operatio*) do Salvador (*cân.* 15), que era inspirado no Pseudo-Dionísio, o Aeropagita. Por outro lado, porém, é negada também a possibilidade de dissensão e de divisão (grego: *dicho-*

noiai kai diaireseis; latim: *dissensiones et divisiones*) em Cristo, as quais poderiam levar a que as afirmações dos Evangelhos e dos Apóstolos sobre o Salvador não sejam atribuídas a um e mesmo Senhor e Deus Jesus Cristo, como o exigia o bem-aventurado Cirilo – esta garantia mostra, uma vez mais, que também a cristologia ocidental, em certa medida, afastava-se um pouco da Fórmula de União de 433 e do *Tomus Leonis* em direção à doutrina de Cirilo de Alexandria. No cânone 18 (DH 518-520), são condenados todos os tipos de hereges, inclusive – como já foi mencionado anteriormente – Diodoro de Tarso e Teodoro de Mopsuéstia (em Roma também, portanto, deveria ser evitada toda aparência de "nestorianismo"), além dos patriarcas Ciro de Alexandria, Sérgio de Constantinopla († 638), assim como seus sucessores Pirro e Paulo.

No intervalo de dez anos, a posição romana mudara de apoio benevolente à política religiosa imperial à abrupta negação de toda concessão. Como se chegou a esta reviravolta?

Certamente aqui foi significativa a influência do patriarca Sofrônio de Jerusalém que, por primeiro, constatou a incompatibilidade do monenergismo com a doutrina das duas naturezas do Concílio de Calcedônia e havia comunicado também a Roma seu posicionamento. Obviamente Honório não dera nenhuma atenção a tais preocupações; por outro lado, a éctese imperial abrira os olhos de seus sucessores para o problema dogmático subjacente – pode-se depreender isso das tentativas (divergentes!) de atribuir posteriormente à carta de Honório um significado que fosse consistente com a doutrina das duas naturezas. Ademais, tivera também efeito catalisador o engajamento de um grupo de monges palestinenses que, antes da turbulência da guerra, haviam fugido do leste para o oeste do império, no Norte da África e para a Itália – neste período, em Roma, pela primeira vez se atestam dois mosteiros com monges gregos que sublevavam contra o monoteletismo.

Dentre os monges oriundos do Oriente, sobressai-se a figura do Máximo Confessor, que inicialmente ainda se mostrara conciliador quanto à decisão de Sérgio de Constantinopla, em 633. Posteriormente, porém, sob a influência de Sofrônio de Jerusalém, e mediante uma profunda reflexão das duas naturezas do Salvador, conforme ensinara o Concílio de Calcedônia, chegou a uma explícita rejeição do monenergismo e do monoteletismo. Nessa época, Máximo vivia em Cartago, onde ele, no ano 645, teve uma discussão, que se tornou célebre, com o antigo patriarca de Constantinopla, Pirro, que, nessa ocasião, fora deposto e banido para a África. Durante a discussão, Máximo aduziu como argumento importante o fato de que a suposição de duas vontades naturais na *única* pessoa do Salvador não poderia necessariamente significar duas vontades *opostas*, visto que o antagonismo da vontade humana contra a divina não seria provocado pela natureza (criada por Deus), mas pelo pecado, que Cristo não conheceu (cf. PG 91, 292A-B). Além disso, Máximo recorre ao antigo axioma de que o que não foi assumido, não foi redimido, na medida em que indica que, mediante o pecado voluntariamente praticado de Adão, nossa vontade foi a primeira a sofrer. Se, pois, o Verbo não tivesse assumido a vontade humana na Encarnação, então Ele não teria querido ou podido redimir-nos plenamente (PG 91, 325A-B). Além disso, é importante distinguir entre a vontade (como uma faculdade da natureza dotada racionalmente) e o que foi querido (como resultado e concretização da vontade) (PG91, 292C), bem como entre a capacidade natural da operação e do operado (PG 91, 341B-D). Para Máximo, é certo que "nosso Senhor e Deus Jesus Cristo, com suas duas naturezas, era dotado de vontade e capaz de agir para nossa salvação" (PG 92, 320C), o que ele demonstra com inúmeros exemplos neotestamentários da vontade humana e divina do Salvador (cf. PG 91, 321-328A). Pirro deixou-se convencer por Máximo e rejeitou a doutrina do monenergismo e do monoteletismo. Ele confirmou esta mudança de opinião em Roma, mas a revogou posteriormente, por certo na esperança de reconquistar o cargo de Patriarca de Constantinopla, o que conseguiu poucos meses antes de sua morte (654).

Após a mencionada querela, tal como Pirro, Máximo também viajara para Roma, onde permaneceu até o ano 653 e, em colaboração com os monges gregos locais e com os papas Teodoro e Martinho, preparou o Sínodo do Latrão de 649 (cf. acima). As decisões cristológicas do sínodo devem ter sido amplamente inspiradas por Máximo – dessa forma, o Ocidente eclesiástico encontrava-se (novamente) sobre o chão firme da doutrina das duas naturezas.

Um ataque frontal tão autoconfiante contra a política imperial de concessões representou um inaudito desafio que a corte de Constantinopla não queria aceitar sem punição. O Papa Martinho e o próprio Máximo deram o ensejo externo para a intervenção porque, para infelicidade deles, haviam-se emaranhado demais nas intrigas da política de então: Máximo havia travado relações no Norte da África com o representante imperial em Cartago, o exarco Gregório, que, em 646, rebelou-se contra o legítimo Imperador Constante II; pouco tempo depois, no entanto, tombou na luta contra os árabes que avançavam, enquanto o Papa Martinho, aparentemente entre 649 e 652, uniu forças com o exarco Olímpio de Ravena que, por sua vez, estava sob a suspeita de revoltar-se contra o imperador; contudo, da mesma maneira, morreu em um campo de batalha contra os árabes na Sicília. O novo exarco Teodoro Calíopas conduziu tropas para Roma, em 653, aprisionou o papa e deportou-o para Constantinopla, onde Martinho I foi inicialmente condenado à morte em um processo por alta traição, em seguida, porém, foi indultado com o exílio para a Crimeia, onde morreu, em 655. Máximo foi igualmente levado à prisão e em 655, em Constantinopla, também ele foi processado, findando por ser (por enquanto) exilado para a Trácia. De igual modo em seu caso, a acusação ostensiva era de alta traição; no entanto, os emissários do imperador e os do patriarca de Constantinopla rivalizaram-se várias vezes com ele, a fim de movê-lo a ceder à política religiosa imperial. Os esforços, promessas e ameaças deles, porém, permaneceram infrutíferas. Em 662, Máximo, que teve de mudar várias vezes seu lugar de exílio, novamente foi levado à capital e, juntamente com dois alunos, foi anatematizado por um sínodo. Como punição judicial, foram-lhe impostas a abscisão da língua e a amputação da mão direita, além da prisão perpétua no exílio. Ainda no mesmo ano, Máximo morreu em uma cidadela no Cáucaso – para as gerações posteriores, foi considerado "confessor" (*confessor*), assim como também o Papa Martinho foi venerado como santo.

A política religiosa imperial parecia ter conseguido avançar. Sob o efeito que o destino de Martinho I tinha provocado em Roma, os papas subsequentes agiram cautelosamente e evitaram o confronto aberto. Mas a situação não parou aí: o Imperador Constante II, que mediante a marcha triunfante do islã, havia perdido extensas partes de seu império no Oriente e no Sul, fracassou em seu plano de restabelecer o ponto central de seu império novamente no Ocidente. Certamente, como último imperador bizantino, visitou mais uma vez a capital, Roma, no ano 663, mas sua tentativa de reconquistar a Itália das mãos dos lombardos não foi bem-sucedida, de modo que teve de escolher a cidade de Siracusa, na Sicília, como residência, onde, no ano 668, caiu vítima de um atentado mortal. Para a sucessão, fez-se merecedor o Papa Vitaliano, em exercício, porque apoiara Constantino IV, filho e legítimo herdeiro de Constante, na distante Constantinopla, contra um usurpador, que o exército havia elevado na Sicília.

O novo imperador apreciou a lealdade política do papa e procurou meios de conseguir um consenso teológico com Roma. Sua disposição para abandonar o curso atual da política religiosa do império foi motivada também pelo fato de que os patriarcados orientais de Alexandria, Antioquia e Jerusalém, nesse ínterim, estavam sob o domínio muçulmano, e a colaboração entre Roma e Constantinopla agora parecia tanto mais premente. O Papa Agatão (678-681) finalmente declarou-se pronto a enviar legados a Constantinopla para um novo concílio, para o qual ele, no entanto, em um sínodo romano, na primavera de 680, mandou elaborar barreiras de proteção dogmáticas: o sínodo reafirmou a posição duotelética ["das duas vontades"] do Ocidente (conforme já havia sido formulado em 649) e condenou os antigos patriarcas de Constantinopla por causa da éctese e do édito; no processo, no entanto, omitiu, silenciando, o papel que os ancestrais imperadores de Constantino IV e do Papa Honório haviam desempenhado.

O (nesse meio tempo) sexto concílio imperial foi inaugurado em novembro de 680, no salão abobadado do palácio imperial (grego: *troullos*) – em consequência, frequentemente é chamado de "Trullano". Após longas investigações, nas quais, entre outras coisas, os documentos das discussões anteriores foram submetidos à prova de falsificação, em sua sessão conclusiva, no dia 16 de setembro de 681, o concílio, presidido pelo próprio imperador, elaborou uma definição de fé (cf. COD 1, p. 124-130) que reconheceu os cinco concílios ecumênicos precedentes, mas também as exposições do Papa Agatão e do sínodo romano de 680; ao mesmo tempo, rotulou de hereges os antigos patriarcas de Constantinopla, assim como Honório de Roma, Ciro de Alexandria, entre outros.

O texto retoma a tradição cristológica dos concílios anteriores e volta-se, em seguida, para a atual controversa questão atinente à vontade e à operação do Salvador:

> Declaramos nele [isto é, no unigênito Filho, o Deus Verbo, o Senhor Jesus Cristo] duas maneiras naturais do querer ou da vontade (*dyo physikas theleseis ou thelemata*) e duas formas naturais de operar (*dyo physikas energeias*), indivisíveis, imutáveis, infragmentáveis e puras [...] Inconsúteis, trata-se, de um lado, de duas vontades naturais, que não estão contrapostas uma à outra [...] Ao contrário, sua vontade humana é dócil, não resiste nem se opõe, mas subordina-se à sua vontade divina e onipotente [...] De outro lado, ensinamos duas maneiras de operar naturais, indivisíveis, imutáveis, infragmentáveis e puras em nosso Senhor Jesus mesmo, nosso verdadeiro Deus, isto é, uma operação divina

e uma operação humana. [E no resumo conclusivo se dizia:] Na fé de que nosso Senhor Jesus Cristo, nosso verdadeiro Deus, também após a Encarnação é um da santa Trindade, dizemos que suas duas naturezas resplandecem em sua única hipóstase [...] No caso, a diferença natural das naturezas na mesma única hipóstase é reconhecida nisso que cada uma das duas naturezas, em comunhão com a outra, quer e opera o que [lhe] é próprio. Conseguintemente, defendemos também, além disso, duas vontades e duas maneiras de operar naturais que se unem congruentemente para a salvação da raça humana.

A definição de fé não apenas defende, no sentido da doutrina das duas naturezas de Calcedônia, as duas vontades e os dois modos de operação pertencentes à natureza em Cristo, os quais – como as próprias naturezas – são descritos como puros e indivisos. Ao contrário, ela procura também combater a suspeita que desde o tempo de Apolinário de Laodiceia havia inquietado as mentes de que no Salvador poderia haver um conflito da vontade (e da operação) que, afinal, conduziria a uma duplicidade da pessoa querente e operante, o que foi considerado nestorianismo. Ainda assim, torna-se evidente, no caso, que o conceito da natureza humana de Cristo, que está dotada com a capacidade da vontade e da operação, sem, contudo, possuir esta independência final (ou seja, hipostática), era (e é) difícil de transmitir.

O fato de, na decisão conciliar, além dos antigos patriarcas de Constantinopla, também o falecido Papa Honório ter sido contado entre os hereges, foi um duro golpe contra a orgulhosa concepção romana de que os sucessores de Pedro jamais se haviam desviado da fé reta. No momento em que foram tomadas tais decisões conciliares, que os delegados do papa também subscreveram, a sede romana estava, porém, vacante, e é perfeitamente concebível que o imperador e o patriarca interino de Constantinopla aproveitassem conscientemente esta oportunidade para poder atribuir as heresias do monenergismo e do monoteletismo não somente aos antigos bispos da capital do império, mas também justamente a um papa falecido. O sucessor do Papa Agatão, Leão II, só pôde tomar posse de seu cargo em 682 e confirmou as decisões do concílio ecumênico. Juntamente com os outros hereges, cobriu também seu predecessor, Honório, com o anátema; contudo, a este não foi feita acusação direta de heresia, mas "apenas" da omissão de não ter mantido pura a Igreja apostólica mediante a doutrina da tradição apostólica, mas ter permitido que fosse manchada por meio de "ímpia traição" (cf. DH 563).

Desse modo, os debates cristológicos – à parte um breve intervalo sob o Imperador Filípico Bardanes (711-713), que quis voltar ao monoteletismo – estavam concluídos. Eles tiveram repercussão no período da controvérsia iconoclasta, porque o Sínodo Iconoclástico de Hiereia, sob Constantino V, no ano 754, instrumentalizou a cristologia como argumento para a proibição de imagens: quem pintasse uma imagem de Cristo, que, no entanto, é Deus e homem ao mesmo tempo, indicava que, na imagem da carne criada, poderia ao mesmo tempo representar também a divindade indescritível. Dessa forma, porém, de maneira inadmissível, ele teria misturado ambas as naturezas de Cristo, como o havia feito o monofisismo há muito tempo condenado de Dióscoro ou de Eutiques. Se, em sentido inverso, um pintor de ícones quisesse reafirmar que ele estaria a representar apenas a imagem da carne humana de Cristo, sem a divindade, na esteira de Nestório (igualmente condenado), separaria a natureza humana de Cristo da divina e dissolveria sua unidade pura; ao mesmo tempo, com sua imagem, ele criaria sua própria hipóstase humana de Cristo e, assim, introduziria uma quarta pessoa na Santa Trindade. Por conseguinte, um ícone de Cristo não podia ser pintado, porque na imagem, não podem ser representadas ao mesmo tempo sua natureza humana e sua natureza divina (cf. KRANNICH *et. al.*, 2002, p. 34-41).

Esta argumentação, entretanto, já havia sido refutada nos escritos de João de Damasco, pois João havia explicado que as imagens não devem, de forma alguma, apreender toda a realidade da pessoa representada – o que não seria possível no caso de Cristo, porque a divindade como tal não é representável. Por outro lado, João enfatiza que toda imagem mostra tanto semelhança quanto dissemelhança em relação ao protótipo (*Oratio* I 9).

Portanto, o que é decisivo não é a conformidade absoluta entre imagem e arquétipo, mas a relação entre a imagem e seu modelo – a racionalidade torna o ícone de Cristo imagem de Deus.

João de Damasco é considerado pela Patrologia como o último grande teólogo da Igreja antiga que resumiu, mais uma vez, a doutrina ortodoxa da fé e, assim, apresentou também uma síntese dos debates e decisões cristológicos, a que queremos dedicar-nos no que se segue.

8

A síntese cristológica: João de Damasco

João, que deve ter nascido por volta de 650 d.C., em Damasco, e deve ter vivido mais de 100 anos, inicialmente detinha um cargo importante na corte do califa omíada, mas por volta de 700, tornou-se monge do mosteiro Mar Saba, perto de Jerusalém, e ali desenvolveu rica atividade de escritor. Sua principal obra dogmática, a "Fonte do Conhecimento", pode ser considerada como "Suma da Teologia" da Igreja antiga. Em sua terceira parte, *De fide orthodoxa*, João apresenta em 10 capítulos a fé reta – na Idade Média, esta seção foi subdividida em quatro livros, em analogia aos aforismos de Pedro Lombardo.

Em nosso contexto, interessa o terceiro livro, que apresenta o plano divino da salvação, atinente à Encarnação. Não podemos seguir detalhadamente a linha de pensamento do autor que, inequivocamente, colocou-se no terreno dos seis concílios imperial-eclesiásticos, mas que também adotou vários padres da Igreja reconhecidos (entre eles, de modo particular, Máximo Confessor). Alguns esclarecimentos tirados de sua obra podem, no entanto, ajudar-nos a mostrar claramente que posição a cristologia eclesial havia alcançado no século VIII.

Conforme corresponde à doutrina cristológica dos concílios, João professa a *única* hipóstase do Filho de Deus encarnado e enfatiza "que as duas naturezas nele foram preservadas após a unificação"; e continua: "Mas não estabelecemos cada uma por si e em particular, mas como interligadas uma à outra na única hipóstase constituída (*mia synthetos hypostasis*)". Contra os monofisistas, esclarece-se uma vez mais que as duas naturezas não compõem uma *natureza* única, constituída, mas estão unidas na *única hipóstase* constituída do Filho de Deus (III 3). Um pouco mais tarde, o autor explica como se deve imaginar o surgimento desta composição: "A hipóstase do Deus Verbo constitui ela mesma a hipóstase para a carne, e da anteriormente simples hipóstase do Verbo, surgiu uma composta, composta de duas naturezas perfeitas, divindade e humanidade" (III 7). Em outro lugar (cf. III 18), João esclarece que o código "carne" (tal como "alma") em tais afirmações pode estar como *pars pro toto* ["a parte pelo todo"] para o ser humano por inteiro.

Parece-lhe importante tornar plausível a existência da natureza humana na hipóstase do Verbo:

> Mesmo que não exista nenhuma natureza não hipostática (*physis anhypostatos*) ou essência impessoal (*ousia aprosopos*) – pois a essência e a natureza são consideradas em hipóstases e pessoas – conseguintemente,

não é necessário que das naturezas unidas uma à outra hipostaticamente, cada uma possua sua própria hipóstase (*idian hypostasin*). Pode ser que elas se juntem em uma hipóstase (*syndramein*) e, em seguida, nem sejam não hipostáticas nem possuam uma hipóstase própria, mas ambas uma e mesma. A mesma hipóstase do Verbo, de fato, constitui a hipóstase de ambas as naturezas; ela não deixa nem que uma delas seja não hipostática nem permite [...] que sejam hipostaticamente diferentes uma da outra (*heterohypostatoi*), tampouco ela [a hipóstase] é ora desta, ora daquela [natureza], mas ela é sempre hipóstase de ambas, sem separação e sem divisão (III 9).

O Deus Verbo não assumiu a natureza humana como "se ela anteriormente subsistisse por si mesma (*kat' hauten hypostasan*) e teria sido um indivíduo (*atomon*) e assim teria sido assumida por ele, mas como aquela, que na hipóstase dele, recebeu sua existência (*hyparxasan*)" (III 11) – com esta afirmação, João quer esclarecer que, na Encarnação, não se trata da "assunção" pelo Verbo de um indivíduo humano real, já existente, mas da criação da natureza humana em sua própria hipóstase, – uma ideia que já havia sido colocada em discussão pelo monge Leôncio de Jerusalém (séc. VI) e retomada pelo Imperador Justiniano em seu Edito de Fé de 551: somente o poder de criação do Verbo é que possibilita a existência da natureza humana na hipóstase divina, para a qual se adotou o termo *"En-hypostasie"* ("In-subsistência) na dogmática. Por conseguinte, para João Damasceno, em consequência da Encarnação, "a mesma única hipóstase" do Salvador é "tanto incriada segundo a divindade quanto criada segundo a humanidade, visível e invisível". Caso contrário, seríamos "obrigados a dividir o único Cristo, nisso que assumiríamos duas hipóstases, ou a negar a diferença das naturezas e introduzir uma transformação e uma mistura" (IV 5).

Assim como nega a divisão, João, fiel ao Concílio de Calcedônia, nega também a mudança e a mistura das naturezas; contudo, ele fala da pericorese delas:

> Deve ficar claro. Certamente dizemos que as naturezas do Senhor se interpenetram (*perichorein*); ao mesmo tempo, porém, sabemos que a interpenetração aconteceu por parte da natureza divina. Com efeito, esta atravessa tudo e o permeia, como quer, mas através dela nada [passa]. E esta compartilha suas prioridades com a carne; ela mesma, porém, permanece inalterável e não participa das afecções da carne. O sol comunica-nos suas forças, mas não usufrui das nossas. Tanto mais isso se aplica ao Criador e Senhor do sol! (III 7).

Para estabelecer a completude da natureza humana do Salvador, João de Damasco retoma também o axioma soteriológico: "O que não foi assumido, também não foi redimido" (III 6 e 18) – este axioma é resolutamente colocado contra a cristologia apolinariana:

> Como seria [...] possível que Ele [isto é, Cristo] se tenha tornado homem, se tivesse [apenas] assumido uma carne animada ou uma alma sem espírito? Com efeito, isto não é um ser humano. [...] Uma vez que [...] o Deus Verbo queria renovar a condição [do ser humano] segundo a imagem [de Deus], tornou-se homem. O que é, porém, a similitude senão o Espírito? Deverá Ele ter excluído o melhor e revestido o ínfimo? O Espírito encontra-se no meio, entre Deus e a carne, para esta última como inquilino, para Deus como imagem. Conseguintemente, Espírito mistura-se com Espírito, e o Espírito medeia entre a pureza de Deus e a rudeza da carne. De fato, se o Senhor assumiu uma alma sem espírito, então Ele assumiu a alma de um animal irracional (III 18).

Tal como Máximo Confessor antes dele, João relaciona o axioma soteriológico em outra passagem também concretamente à vontade humana que devia ser salva, porque ela foi a primeira a ser afetada pelo pecado de Adão (cf. III 14).

Desse modo, toca-se em outro tema importante que domina a exposição cristológica do damasceno: a vontade humana (e o operar humano) de Cristo. Em assonância com a tradição, ele confessa "o mesmo Jesus Cristo, nosso Senhor, como perfeito Deus e perfeito homem", e explica:

> Exceto a *agenesia*, Ele possuiu tudo o que o Pai tem, e, à exceção do pecado, Ele possuiu

tudo o que o primeiro Adão tinha, ou seja, um corpo e uma alma racional e pensante. Correspondentemente às duas naturezas, Ele tem as duplas [propriedades] naturais das duas naturezas: duas vontades naturais (*theleseis physikas*), a divina e a humana, e duas operações naturais (*energeias physikas*), uma divina e outra humana, e duas liberdades naturais da vontade (*autexousia physika*), uma divina e outra humana, e uma [dupla] sabedoria e conhecimento, um divino e outro humano. Efetivamente, visto que Ele é consubstancial a Deus Pai, quer e opera autonomamente como Deus. Contudo, uma vez que Ele é também consubstancial a nós, quer e opera autonomamente (*autexousiosthelei kai energei*) como um ser humano. De fato, seus são os prodígios, seus são também os sofrimentos (III 13).

Digno de nota nesta afirmação é que João fala da vontade humana de Cristo não apenas de modo geral, mas decididamente de sua autodeterminação humana (ou seja, liberdade), sabedoria e conhecimento. Aqui, a verdadeira humanidade de Cristo é – diferentemente das correntes cristológicas divergentes – levada muito a sério; no entanto, ainda veremos que também João de Damasco novamente limitará em certa medida essa visão.

O que é dito a propósito da vontade, vale igualmente para o operar:

> No caso de nosso Senhor Jesus Cristo, falamos também de duas eficácias. Como Deus e consubstancial ao Pai, Ele possuía ao mesmo tempo a eficácia divina (*energeia*), e como Encarnado e consubstancial a nós, a eficácia da natureza humana (III 15).

A esta altura, mediante distinções conceituais, João procura responder à objeção de que se poderia declarar de *uma* pessoa (a hipóstase do Verbo divino) apenas *um* operar:

> Deve-se saber, porém, que a eficácia (*energeia*) é uma coisa, o efetivo (*energetikon*) é outra coisa, o efeito (*energema*) é outra coisa e o agente (*energon*) é outra coisa. Eficácia é o movimento ativo e intrínseco da natureza. O efetivo é a natureza da qual brota a eficácia. O efeito é a realização da eficácia. O agente é aquele que exerce a eficácia, ou a hipóstase (III 15).

Desse modo, deve estar esclarecido que aquele que age como Salvador é somente *um*, a saber, o Verbo divino encarnado, que certamente utiliza ambas as naturezas:

> Visto que [...] as naturezas de Cristo são duas, assim [...] duas são suas vontades naturais e suas eficácias naturais. No entanto, uma vez que a hipóstase de suas duas naturezas é uma, então dizemos: é um e o mesmo que, de maneira natural, quer e opera

> de acordo com ambas as naturezas das quais
> e nas quais [Ele consiste], a saber, Cristo,
> nosso Deus. Ele quer e opera não de manei-
> ra separada, mas unida.

Mediante o que João se reporta à fórmula do *Tomus Leonis* (cf. acima): "Cada uma das formas [isto é, a forma de escravo e a forma divina] opera em comunhão com a outra, o que [lhe] é próprio" (III 14).

As exposições do damasceno são particularmente explosivas sempre que ele se expressa quanto ao relacionamento da vontade humana de Cristo com a divina:

> O Verbo opera mediante o poder e a força
> da divindade, o que é do Verbo, [...] o corpo,
> porém, em relação à vontade do Verbo unido
> a ele, a quem ele, obviamente, pertence. De
> fato, ele [isto é, o corpo] não despertava por
> si mesmo o impulso para os afetos naturais,
> nem tampouco a aversão e a repugnância
> contra o aborrecimento, nem sofria o que
> sobrevinha de fora, mas movia-se na medida
> em que seguia a natureza do Verbo – este o
> queria e permitiu-o no modo da ordem da
> salvação, que ele [isto é, o corpo] padecesse
> e fizesse o que lhe era próprio, a fim de que,
> mediante as obras, a realidade da natureza
> [humana] fosse autenticada (III 15).

Com isso, é manifestamente confirmado o predomínio da vontade divina, o que João elucida mais uma vez alguns capítulos mais adiante: o Salvador, portanto, a partir da natureza, tanto como Deus quanto como homem, possuía o querer. A vontade humana, entretanto, seguia e obedecia à sua vontade [divina]; não foi movido por uma opinião própria (*gnome idia*), mas queria o que queria sua vontade divina. Com efeito, somente com a permissão da vontade divina é que Ele sofreu o que lhe é próprio segundo a natureza (III 18).

Neste contexto, João entra também no tema da angústia mortal de Jesus no Getsêmani:

Quando Ele se proibiu a morte, proibiu-a a si de acordo com a natureza, e teve medo e temor, uma vez que sua vontade divina o queria e o permitiu. E quando sua vontade divina quis que sua vontade humana escolhesse a morte, o sofrimento se lhe tornou voluntário. Efetivamente, não simplesmente como Deus Ele entregou-se voluntariamente à morte, mas também como homem. Desse modo, infundiu-nos também coragem contra a morte. [...] Com efeito, quando a alma do Senhor [...] havia inicialmente experimentado a debilidade natural, [...] fortalecido pela vontade divina, obteve novamente coragem contra a morte. Pois, visto que era totalmente Deus com sua humanidade, e totalmente homem com sua divindade, como homem Ele submeteu em si e por meio de si o humano a Deus Pai, na medida em que se deu a nós como o melhor exemplo e modelo, e foi obediente ao Pai (III 18).

A dialética entre vontade humana e vontade divina leva decididamente ao paradoxo:

> Ele, porém, queria ser livre (*autexousios*) mediante a vontade divina e a humana. Toda natureza racional, no entanto, certamente é congênita ao livre-arbítrio (*to autexousion thelema*). [...] Por conseguinte, a alma do Senhor queria, em livre-ímpeto, mas queria livremente aquilo que sua vontade divina queria que ela o quisesse [...] como Deus e homem ao mesmo tempo, Ele queria tanto segundo a vontade divina quanto segundo a humana. Por isso, as duas vontades do Senhor se distinguem uma da outra não mediante a mentalidade (*gnome*), mas, ao contrário, por meio do poder natural. De fato, sua vontade divina era sem começo e atuante em toda parte, acompanhada pelo poder e impassível. Sua vontade humana, porém, começou no tempo e experimentou os afetos naturais e irrepreensíveis. Por certo Ele não era onipotente por natureza, mas visto que Ele, na verdade e segundo a natureza, tornou-se [vontade] do Deus Verbo, Ele era, no entanto, onipotente (III 18).

Nos capítulos subsequentes, João aplica este ponto de vista aos diversos aspectos individuais: a afirmação de Lc 2,52, segundo a qual o jovem Jesus crescia em sabedoria, idade e graça, certamente significa que o Salvador apropriou-se do progresso humano e assimilou (*oikeioumenos*) o que é nosso por toda parte – com isso, porém, devido à união hipostática com o Verbo, não se poderia dar a entender nenhum verdadeiro crescimento da sabedoria (um aprendizado humano, portanto), mas, no máximo, uma progressiva manifestação da sabedoria divina (cf. III 22).

O Deus Verbo também assumiu, de livre-vontade, o temor natural do ser humano perante a morte, não, porém, quaisquer anseios inaturais – pois Ele jamais temeu exceto no tempo de seu sofrimento (cf. III 23). Por outro lado, o *único* Cristo não teve necessidade da oração; pelo contrário, Ele rezava porque nos representava e tornou-se um exemplo para nós. Assim, por exemplo, a oração no Getsêmani mostrava suas duas vontades naturais (que certamente não eram opostas entre si), mas serviu, acima de tudo, para nossa instrução (cf. III 24). Outrossim o grito do abandono da parte de Deus na cruz (Mt 27,46) deve ser interpretado no sentido de que o Salvador assumiu nosso lugar (*to hemeteron oikeioumenos prosopon*!). Com efeito, Ele mesmo jamais foi abandonado pela própria divindade; ao contrário, nós éramos os abandonados e os desprezados (cf. III 24).

A partir destes esclarecimentos, reconhecemos que também João de Damasco, apesar de notáveis abordagens, não conseguiu chegar a uma visão consequente da Encarnação do Verbo – a palavra-chave *"kenosis"* (autoesvaziamento do Salvador divino – cf. Fl 2,6s.) está ausente de suas reflexões. João, naturalmente, conhece a palavra e menciona-a duas vezes na parte cristológica de sua catequese (em IV 18), mas sempre apenas no âmbito de uma enumeração de termos para a Encarnação – não há nenhuma ênfase sobre quais implicações teológicas deveriam ser atribuídas à *quenose*. Preocupado com construir uma "contrapartida" humana ao Verbo divino, o autor acentua tão fortemente a divina soberania, que a vontade "admitida", a liberdade, o temor e o desespero humanos, afinal, não são levados a sério, e parecem, em parte, motivados apenas didaticamente. Neste sentido, a cristologia do grande damasceno resulta deficiente.

Sua timidez é devida principalmente ao respeito à tradição, que havia demonizado toda aparência de "nestorianismo". João de Damasco rejeita incondicionalmente Nestório (cf. III 3; 12; 21s.), enquanto procura integrar na ortodoxia a fórmula de Cirilo da "única natureza encarnada do Deus Verbo" (cf. III 7; 11; cf., também, III 6), para a qual o Concílio de Constantinopla, de 553, pode ter sido o modelo (cf. ali *Anathem.* 8). Ao próprio discurso da eficácia divino-humana (*theandrike energeia*) do Salvador, cuja interpretação monenergética ainda fora rejeitada pelo Sínodo do Latrão de 649 (cf. ali *cân.* 15), ele atribuía um sentido ortodoxo (cf. III 19; cf. também III 15). A razão para isso deve ter sido a autoridade do Pseudo-Dionísio Areopagita (cerca de 500 d.C.), a quem remonta a expressão (cf. *Ep.* 4,16,0 *ad Gaium*); em suas obras, o autor fizera-se passar por discípulo de Paulo, e com esta ficção, praticamente não se deparou com nenhum ceticismo na Igreja antiga.

Tendo em vista a tradição, é ainda digno de menção o fato de que João Damasceno, presumivelmente a partir de seu conhecimento dos escritos de Orígenes, pôs em destaque a importância do espírito humano (*nous*) como mediador entre o divino e a matéria do corpo (cf. III 6). Contudo, ele rejeitou peremptoriamente a doutrina da preexistência da alma de Cristo (cf. IV 6), o que prova seu abandono do origenismo.

Para a compreensão da doutrina da única hipóstase e das duas naturezas não misturadas e indivisas devem ter sido úteis as imagens a que João recorreu: por exemplo, ele aponta, como ilustração, para o carvão incandescente (III 5; 8), que não se pode segurar tão somente porque o carvão está unido ao fogo; analogamente, a carne do Salvador é adorada unicamente porque na hipóstase do Verbo estão unidas a divindade e a humanidade (cf. III 8; cf. também IV 3); em outro lugar, ele visualiza uma faca incandescente, que possui dupla eficácia (queimar e cortar) e, no entanto, é apenas uma (cf. III 5); pode-se caracterizar sua eficácia também com *uma* expressão ("cauterização cortada" ou "corte cauterizado"), posto que a queima e o corte sejam eficácias diversas e procedentes de diferentes naturezas (a saber, fogo e ferro) – o que serve como justificativa para o discurso da eficácia divino-humana (*theandrike energeia*) do Salvador, a qual, na verdade, refere-se às duas eficácias de suas duas naturezas (cf. III 19). Essa imagem pode também ilustrar que a divindade do Salvador permanece impassível, embora o próprio Verbo de Deus tenha sofrido na carne: quando se derrama água sobre ferro candente, extingue-se, portanto, o fogo que é, por assim dizer, "capaz de sofrer", ao passo que o ferro, segundo sua natureza, permanece intacto. Em tudo isso, João está consciente de que seus exemplos não se coadunam completamente com a realidade -- do contrário, não seriam nenhuma parábola (cf. III 26).

Com estes excertos da obra *De fide orthodoxa* não está, em absoluto, esgotada a cristologia de João Damasceno; entretanto, esquematicamente eles poderiam mostrar-nos a que resultado as reflexões da Igreja antiga haviam chegado quanto à questão cristológica em sentido mais estrito até meados do século VIII.

9

Resultado

A passagem pelo esboço da história do dogma cristológico na Igreja Primitiva terá deixado alguns/mas leitores/as um tanto perplexos – não apenas em razão dos irritantes objetivos, considerações e rivalidades político(-religiosos) com que nos deparamos repetidamente no percurso, mas também ainda mais porque as discussões se tornaram sempre mais meticulosas, a linguagem sempre mais técnica e as terminologias sempre mais incompreensíveis para as pessoas modernas. No entanto, é importante – pelo menos para aqueles que desejam fazer teologia profissionalmente – ocupar-se com as definições e demarcações da história dos dogmas e compreendê-las (também criticamente!) – pelo simples fato de que muitas ideias hoje apresentadas em torno da cristologia tinham sido discutidas já havia muito tempo (sob outra "roupagem", obviamente). O mais decisivo, porém, é que permanece a nossa tarefa de transmitir o resultado dos debates cristológicos na linguagem de hoje, em um horizonte de compreensão modificado. Isso é o que se tentará neste capítulo conclusivo.

Uma primeira preocupação característica da Igreja Primitiva era ater-se à verdadeira humanidade do Salvador ao longo dos séculos e defendê-la contra todos os questionamentos – contra as tentativas então "modernas" dos gnósticos ou de Marcião, de diluir a realidade terrestre de Cristo no espiritual-transcendente, mas também igualmente contra os modelos cristológicos dos (neo)arianos e apolinarianos, que faziam de Jesus um torso humano, a quem faltava a alma ou no mínimo sua parte mais elevada (razão e vontade). Em contrapartida, a cristologia antioquena da diferenciação via no Salvador um ser humano autêntico que, como nós, possuía uma alma dotada de razão e um corpo, e defendia esta visão também contra a preponderância monofisista da divindade de Cristo, a qual ameaçava decididamente "engolir" sua humanidade. E ainda, a controvérsia monenergética ou monotelética do século VII corroborou que a natureza humana do Salvador não devia ser reduzida à capacidade do querer e do agir.

Sem tais esforços, a fé em Jesus Cristo, sua vida e morte, em certo sentido seria a crença em um acontecimento mitológico no qual um ser celestial apareceu na terra sob forma humana (não importa se, no caso, se tratasse de mera aparência ou de "carne" real), sem que, a propósito, se pudesse pensar em uma humanidade real em nosso sentido hodierno – Jesus de Nazaré não seria um de nós. Foi mérito de teólogos como Irineu de Lião, Tertuliano, Atanásio de Alexandria, Diodoro de Tarso, Teodoro de Mopsuéstia, João de Antioquia, Papa Leão I,

Máximo Confessor e outros (que partilhavam, todos, a fé na divindade de Cristo) que a Igreja não se tenha deixado aprisionar nessa armadilha mitológica que, no quadro da mundivisão antiga, parecia definitivamente sedutora, mas que hoje, há muito tempo perdeu seu fascínio. A definição do Concílio de Calcedônia (451), segundo a qual o Senhor Jesus Cristo é "consubstancial a nós [seres humanos] segundo a humanidade, semelhante em tudo a nós, menos no pecado (cf. Hb 4,15)", obriga a Igreja à fé na verdadeira humanidade de Jesus. Refletir sobre isso, em certa medida "explicar" em todos os detalhes (o que diz respeito ao aprendizado, ao pensamento, ao não/saber, ao sentir, ao orar, às emoções, à autoconsciência de Jesus e a outras coisas mais), hoje me parece justamente importante, porque nossa moderna cosmovisão, no rastro do Iluminismo, dificilmente é compatível com todo tipo de mitologemas.

Contudo, este é apenas um lado da moeda. Desde os tempos da formação da tradição neotestamentária, os teólogos têm buscado expressar em palavras o singular significado de Jesus: assim surgiram as afirmações do Novo Testamento sobre a Encarnação, as quais falam que o Verbo divino se fez carne (Jo 1,14), que Jesus Cristo se esvaziou de sua forma divina e assumiu a forma de um escravo (Fl 2,6s.). No prolongamento da construção desta tradição, deviam ser rejeitadas não apenas as chamadas interpretações mitológicas (cf. acima), mas também se devia responder à pergunta se com isso, no entanto, não se deveria revelar algo diferente da ligação particular com Deus do homem Jesus e de seu agraciamento mediante o Verbo (ou em um nível mais antigo de reflexão: mediante o Espírito de Deus). Apolinário de Laodiceia havia colocado esta questão em toda a sua acuidade. Ainda que seu modelo cristológico fosse insatisfatório, ele atinha-se ao fato de que o sujeito da Encarnação é o Verbo divino, que se torna homem. Em princípio, Atanásio já havia partilhado esta concepção, que continuou a ter apoio na cristologia alexandrina (que utilizou – sem dar-se conta – alguns teologúmenos de Apolinário). A resistência do lado oposto antioqueno fundamentava-se na rejeição terminante da concepção segundo a qual Deus, de algum modo, pudesse *tornar-se* algo, ou seja, modificar-se, o que atraía para si justamente a suspeita de mitologia. Contudo, o contraprojeto não convencia; não apenas porque os antioquenos deviam reinterpretar as passagens bíblicas mencionadas (a fim de poderem manter a estrita distinção entre a divindade e a humanidade em Cristo), mas ainda mais porque o conceito deles da indissolúvel "ligação em sentido estrito" (*synapheia akriebes*), que deve existir entre Deus e homem em Cristo e possibilitar a adoração litúrgica uniforme, não conseguia desfazer a suspeita de que aqui se trata "apenas" da habitação de Deus em Jesus (como em um templo), não, porém, de sua Encarnação. Por isso, em Calcedônia foi mantido que a natureza humana e a divina do Salvador se unem (não misturadas e indivisas) em *uma* pessoa e em *uma* hipóstase, e, por conseguinte, "o Filho

Unigênito, o Deus Verbo, o Senhor Jesus Cristo não está dividido ou separado em duas pessoas, mas é um e mesmo". Além de Calcedônia, o segundo Concílio de Constantinopla, de 553, esclareceu que esta *única* pessoa, isto é, hipóstase do Salvador, é o Verbo divino, a segunda pessoa da Trindade, o que, por sua vez, deslancha a pergunta sobre como e de que maneira a natureza humana de Cristo poderia existir nesta hipóstase.

Mas, desse modo, o círculo não volta a fechar-se? Mediante a cristologia da unificação alexandrina (apesar de todas as concessões à tradição antioquena), o mito não voltou a ficar à vontade na fé da Igreja, fortalecido ainda pela especificação neocalcedônica de 553? A verdadeira humanidade de Cristo não foi justamente reduzida mais uma vez, pelo fato de o homem Jesus ter sido restringido à sua "natureza" humana? A doutrina de João Damasceno, o qual defendia uma vontade e uma operação do Salvador sob o "governo" da vontade divina, não desperta a impressão de que a natureza humana de Cristo – modernamente falando – seria um tipo de robô perfeito, que pode realizar atividades e até mesmo tomar decisões próprias, mas justamente apenas aquelas para as quais seu criador (!) o programou? Se Jesus de Nazaré não existe "por si", como "pessoa autônoma" (falando em termos grego: como "hipóstase independente"), ele é, afinal de contas, um de nós?

Apenas de passagem, gostaria de mencionar que os teólogos medievais já estavam conscientes deste problema – ocupavam-se com a pergunta sobre o que faltaria à natureza humana de Jesus para ser, ela mesma, "pessoa" (o que, segundo as determinações conciliares, não "era permitido" ser). O problema foi exacerbado pelo fato de que, segundo o axioma soteriológico *"O que não foi assumido, também não foi redimido"*, a humanidade de Jesus não podia, de fato, ser deficiente! Como, pois, podia faltar-lhe o ser-pessoa? A resposta a esta pergunta, que João Duns Escoto apresentou no começo do século XIV, era, à sua maneira, engenhosa: à natureza humana individual de Jesus, por conseguinte, nada faltava de positivo (ou seja, necessitado de redenção) para o próprio ser-pessoa, mas uma negação: de fato, o ser-pessoa, em virtude do que cada ser humano singular existe por si, para Duns Escoto "não é comunicável" (*in-communicabilis*), é "in-dependente": não podemos transferir para outra pessoa nosso ser-pessoa, tornar-nos realmente um com ele ou com ela; mesmo o maior amor não pode suprimir a derradeira solidão ontológica: permanecemos situados em nós mesmos. Esta negação é eliminada mediante a graça de Deus, ou seja, o ato criador do Verbo em Jesus de Nazaré – não se fundamenta em si mesmo (de modo que, neste sentido, ele seria "pessoa"), mas na hipóstase do Verbo divino; no entanto, em sua humanidade, nada lhe falta"; apenas aquela incomunicabilidade que torna pessoa toda natureza humana individual, em seu caso é "substituída" pela possibilidade, aberta na criação, de ser totalmente assumida por uma pessoa divina e assim existir na dependência da hipóstase do Verbo. Voltaremos ao assunto.

Em todo caso, parece claro que também hoje é necessária uma reflexão aprofundada a fim de poder transmitir a fé na Encarnação de Deus de maneira plausível, sem desembaraçar-se negligentemente das intuições fundamentais da Igreja Primitiva. Por outro lado, certamente não basta uma simples repetição dos textos antigos; devemos tentar encontrar nossa própria linguagem, formular nossas próprias conclusões.

Em minha opinião, isso inclui atentar para o fato de que Deus e homem em Cristo não são grandezas comparáveis. Julgamos saber (cada vez melhor) o que é um ser humano e, assim, podemos também fazer uma ideia parcialmente adequada de como Jesus existiu como ser humano. O que Deus é, não sabemos e, assim, todas as ideias que fazemos dele permanecem insatisfatórias. Se o denominamos "pessoa", "hipóstase", "sujeito" ou "Eu" divino, necessariamente ressoam sempre conotações humanas que não são adequadas para Deus. De igual modo os debates da Igreja Primitiva às vezes dão a impressão de que se poderia falar de Deus (do Verbo) como de uma dada grandeza, objetivá-lo de algum modo, o que beira *a priori* uma *hybris*. Conseguintemente, hoje, talvez mais do que nunca, na cristologia convém começar por onde mais facilmente nos orientamos: no homem Jesus. E aqui se coloca a antiga questão do que nós vemos em Jesus – um ser humano espiritual importante, um mestre agraciado por Deus, um escolhido que estava tão próximo de Deus, que, em sentido figurado, pode-se chamar "Filho de Deus", ou mais? A cristologia da Igreja antiga apresenta uma clara defesa deste "mais" – mas como se pode expressar isso hoje em palavras?

Poderíamos tentar construir o que significa Encarnação de Deus não de cima – este foi o caminho da Igreja Primitiva – mas, de início, voltar firmemente o olhar para o Jesus terreno a fim de, a partir dali, interpretar o agir de Deus com o auxílio dos estímulos de pensamento primitivo-cristãos: o código "encarnação" expressa, pois, que este Jesus terreno não nos instrui simplesmente sobre Deus, orienta a fazer a vontade de Deus mediante seu exemplo, e com toda a sua existência, aponta expressamente para Deus, mas que por meio deste ser humano, o próprio Deus se manifesta; em seu agir, podemos reconhecer no mundo a ação de Deus; em seu discurso, a Palavra (Verbo) de Deus; em seu sofrimento e morte, a Paixão de Deus. Se fosse perguntado como isso, pois, seria concebível, levando-se em conta a onipotência, a glória, a onipresença e a imortalidade de Deus, deve-se lembrar do tema da *quenose*, que ressoa em um dos mais antigos documentos do cristianismo (a Carta aos Filipenses): neste Jesus, que está diante de nossos olhos (por meio do Evangelho), Deus "esvaziou-se", renunciou à plenitude de sua onipotência, e escolheu a carência, a impotência, a limitação e a mortalidade como *sua* existência no mundo. Jesus de Nazaré não é mero instrumento no plano salvífico de Deus, mas a autoexpressão da Palavra (Verbo) divina, e esta autoexpressão incluiu tudo o que é humano, "exceto o pecado": o nascimento de Jesus em uma situação histórica contingente, a criança em crescimento, seu aprendizado e seu ser instruído (na religião judaica), a busca de Jesus por seu próprio caminho, o reconhecimento de seu destino, alegria e decepções, o livre-arbítrio, um eu humano, a consciência de ser criatura de Deus, a angústia da morte e também o abandono da parte de Deus na cruz – nada disso deve desaparecer com retoques porque não seria compatível com a divindade do Salvador – pois o fato é que Deus assumiu *tudo* isso, "apropriou-se", para retomar um pensamento favorito de Cirilo de Alexandria. Quando João de Damasco ensina que o Salvador mostrou emoções humanas naturais como medo e temor, "*visto que sua vontade divina o quis e permitiu*", tal abordagem é inteiramente notável; apenas não pode ser, em seguida, novamente relativizada mediante afirmações segundo as quais Cristo não conheceu nenhum crescimento autêntico em sabedoria, não tivera necessidade alguma da oração e não experimentou realmente o abandono de Deus. A abordagem de João Damasceno deveria, ao contrário, ser pensada de modo consequente, sim, radicalmente até o fim: a vontade divina quis e escolheu *tudo* o que sabemos do ser humano Jesus, até mesmo a ignorância (em relação à "hora" em que o Reino de Deus irromperá: cf. Mt 24,36 ou o erro quando Jesus, segundo Mt 24,34, diz que sua geração não passará até que aconteça o Juízo Final); tudo isso é humano (mas não pecado). A divindade de Jesus não se manifesta mediante a supremacia em relação às debilidades humanas, mas justamente também nelas, tal como o ensina o ponto de vista joaneu segundo o qual na crucifixão de Jesus dá-se sua glorificação.

Com a alusão à humanidade do Salvador, a Igreja Primitiva queria resguardar-se de limitar sua divindade – em contrapartida, nossa preocupação deve ser ter diante dos olhos a humanidade de Jesus por completo. Com efeito, essa humanidade mesma torna-se diáfana (translúcida) à fé na divindade de Cristo. Karl Rahner, um dos maiores teólogos católicos do século XX, queixou-se várias vezes da tendência amplamente difusa de considerar Cristo um Deus que perambula pera terra disfarçado de homem, e criticou esta visão; de fato, a humanidade de Cristo não é um disfarce: ela mesma é a Revelação de Deus.

Mas como isso seria possível: a criatura como autorrevelação do Criador? Não há entre Criador e criatura um abismo sem fim? A fim de ir de encontro a esta objeção, devemos voltar-nos para a teologia da criação: por "criação", hoje já não entendemos (oxalá) a criação do mundo em sete dias, e a interpretação do "Big-Bang" como a ignição inicial de Deus é decididamente inadequada. No sentido da *creatio continua*, hoje temos consciência de que todo o processo do desenvolvimento do universo é "conduzido" por Deus como seu fundamento último, que Deus traz constantemente à existência e conserva o que ele próprio não é – sem Ele, não poderia existir. A própria criação, o universo, portanto, não existe em completa independência, "por si" (o que nos coloca permanentemente diante dos olhos sua efemeridade), mas fundamenta-se perenemente no poder criador de Deus.

A mística islâmica ocasionalmente chega até mesmo a dizer que Deus, em última instância, é a única realidade verdadeira, e a própria confissão de fé muçulmana (a *schahada*) *"Atesto que não há nenhum Deus além de Deus"* já significa uma ofensa contra a singularidade de Deus; Almançor Alhalaje (séc. IX) diz: "Quem afirma declarar Deus como *Alguém*, já lhe acrescentou algo". Esta afirmação radical quer mostrar que a criação, na realidade, em "comparação" com Deus, não possui nenhuma autonomia, mas unicamente, já em razão de seu ser criatura, fundamenta-se na última e verdadeira realidade (Deus).

De certa maneira, a própria criação já é, portanto, autoesvaziamento e autoexpressão de Deus. Sua dependência fundamental do Criador remedeia o infinito abismo, e esta relação de dependência intensifica-se, quando na Encarnação, Deus faz daquilo que Ele não é, a saber, criatura, sua própria autoexpressão em Jesus. Deus "estabelece" não apenas o que é diferente dele (a criação); Ele mesmo "torna-se" o que Ele não é por sua própria natureza: criatura. No entanto, Ele permanece aquele que Ele é: o totalmente Outro, Deus. O Verbo cria a realidade humana de Jesus na medida em que Ele a assume como a própria, e esta aceitação do ser criatura insere-se nas molduras da mediação da criação do Verbo: o mundo por Ele criado é o "horizonte", a condição da possibilidade da realidade de Jesus criada por Ele.

Deus modificou-se, transformou-se quando se fez homem? Para os antioquenos, isso teria sido incompatível com sua imagem de Deus. Contudo, a pergunta sobre se a Encarnação significou uma mudança de Deus (do Verbo), pode remontar à pergunta sobre se Ele já não se teria alterado mediante a criação (na qual, naturalmente, todos os participantes das discussões cristológicas acreditavam). No entanto, o fato de o Deus eterno, ilimitável, imutável libertar o "Outro" (temporal, limitado, mutável) e acompanhar a história do universo, da humanidade, de seu povo, conforme corresponde à tradição bíblica, não o muda em seu ser-Deus, mas demonstra que esta possibilidade da autoexpressão/*quenose* faz parte do eterno ser-Deus. Isto vale também e com mais razão para a Encarnação, na qual Deus não se "mistura" com a realidade criada, mas dela realmente ("sem separação") se apropria.

Apenas de passagem, gostaria de observar que, deste ponto de vista, não pode parecer coerente pressupor que Deus, na corrente do tempo, existiu sozinho bilhões após bilhões de anos, até que o Verbo divino, então, finalmente criou o mundo, a fim de, após outros 13,8 bilhões de anos, tornar-se homem-Deus e permanecer assim para sempre [...]. O relacionamento entre eternidade e tempo deve ser determinado diferentemente (como analogamente também a relação entre a imutabilidade eterna de Deus e seu "devir" na história). Sem poder entrar aqui em detalhes, parece, entretanto, que a Encarnação de Deus não é apenas um acontecimento qualquer no curso da história (certamente ela é isso a partir de *nossa* perspectiva imanente), mas desde a eternidade, encontra-se no centro do divino plano da salvação, portanto também da criação. Com isto não se deve afirmar que a humanidade de Cristo (na linguagem da Igreja antiga) provém "do céu", mas que criação, salvação e plenitude do mundo não são simplesmente fases na sequência do tempo, a que Deus também estaria submetido, mas elas mesmas pertencem a Deus, o Eterno e Imutável.

Jesus de Nazaré como o centro do eterno plano salvífico de Deus – esta ideia não nos remete de volta ao problema descrito no começo, que a breve vida deste ser humano único, em um ângulo do Império Romano (que declinara havia tempo), perante o tríplice abismo do espaço, do tempo e das gerações, deve parecer demasiado insignificante para que possamos atribuir-lhe tal importância universal?

Em comparação com as profundidades do universo, é indiscutível a insignificância do ser humano (também do ser humano Jesus). Contudo, é igualmente verdadeiro que o ser humano é o único ser vivente que conhecemos para o qual a irrupção da consciência foi deveras bem-sucedida. Em nosso espírito, espelha-se o universo – mais ou menos claro ou obnubilado; nosso espírito é capaz de indagar, de reconhecer e de investigar as profundidades do espaço, do tempo e das gerações; no espírito humano, o universo chega a si mesmo. Do ponto de vista astronômico, histórico e biológico, certamente o ser humano é apenas um insignificante fenômeno marginal do universo; ao mesmo tempo, porém, é ele a lupa que permite "capturar" todos os raios do universo – passado, presente e, em certa medida, também o futuro.

"*Anima est quodammodo omnia*", dizia um axioma escolástico: "a alma (ou: o espírito humano) é, de certo modo, tudo" – pelo menos segundo a potência – e, por isso, o ser humano é também o ser vivente cuja consciência consegue transcender o universo explorável, o único ser vivente (até onde enxergamos) que pode colocar a pergunta sobre Deus – não importa qual possa ser a resposta para isso. O ser humano pode ser o espaço de ressonância para uma revelação de Deus, e diversas religiões mostram que temos tentado reiteradamente ressoar o espaço vazio de ressonância de nossa capacidade de transcendência. Por maior e imponente que o universo nos possa parecer e quão pequeno o ser humano – é, no entanto, verdadeiro: cada um de nós transcende espaço e tempo, e todo o processo do devir e do desaparecer. Por mais que o ser humano seja física e biologicamente, de fato, limitado – ele, no entanto, tateia em busca da infinitude.

As narrativas bíblicas e os hinos do Evangelho de João, da Carta aos Filipenses, da Carta aos Efésios e da Carta aos Colossenses querem dizer-nos que esse tatear do ser humano em busca de infinitude não cai no vazio, que Deus estendeu sua mão a fim de segurar a nossa, que a busca do ser humano, de certa maneira, é a busca de todo o universo, o resultado de seu desenvolvimento; que essa busca não foi absurda, não foi em vão, porque encontrou uma resposta. E esta resposta afirma não apenas que certa vez, em Israel, nasceu um Salvador; ela afirma também que em Cristo, o fundamento, o princípio e a lei racional do Universo (o Verbo) encarnaram-se. A Encarnação, por conseguinte, não somente revela o Sim de Deus para a humanidade, mas, ao mesmo tempo, seu Sim à vida, à matéria, ao universo. A Carta aos Colossenses corrobora: nele, à "Imagem do Deus invisível [...] foram criadas todas as coisas, nos céus e na terra; [...] tudo foi criado por ELE e para ELE" (Cl 1,16). Em Cristo, vem ao nosso encontro o Criador das galáxias, o Criador da vida, o modelador e a meta do universo – não apenas o fundamento primordial, mas também a meta, conforme a Carta aos Efésios descreve como "mistério da vontade divina [...] para levar o tempo à sua plenitude: a de em Cristo encabeçar todas as coisas, as que estão nos céus e as que estão na terra" (Ef 1,10).

Em Cristo, a anônima história do universo, cheia de constantes devenires e desaparecimentos, de desenvolvimentos espantosos e de catástrofes medonhas, de nascimento e de morte, dor e sorte – nele tudo isso, por uma fração de segundo, recebe um rosto, o rosto do Cristo crucificado e ressuscitado, enquanto o próprio Deus se revela: na Cruz, Ele mostra-nos que Ele partilha o sofrimento da criatura, que Ele carregou o fardo do mundo – assim como todos nós devemos carregá-lo... A ressurreição, porém, mostra-nos que sofrimento e perecimento não são o fim do drama universal, que este drama do universo é um estágio de trânsito, um nascimento que se realiza há bilhões de anos. "Pois sabemos que a criação inteira geme e sofre as dores de parto até o presente", diz Paulo (Rm 8,22), e ela espera sempre nascer, ser transfigurada e ser glorificada na verdade.

No horizonte da concepção de mundo hodierna, a fé na Encarnação de Deus é uma garantia de que o nascimento de *todo* o universo é querido e sustentado por Deus, assumido na Encarnação de sua Palavra eterna (o Verbo) e que também a centelha de nossa pequena vida não se perde nas trevas do universo, mas é salva com o cosmo, não importa como possa parecer nosso destino.

Referências

Da abundância da literatura sobre a história da Igreja e do dogma, destacam-se aqui aqueles títulos aos quais essa apresentação muito deve em seções individuais e que são particularmente apropriados para o aprofundamento dos diversos capítulos. São registradas igualmente algumas edições importantes que não estão entre as séries e obras básicas da literatura patrística mais facilmente acessíveis.

BAUSENHART, G. *In allem uns gleich ausser der Sünde*. Studien zum Beitrag Maximos des Bekenners zur altkirchlichen Christologie. TSTP 5. Mainz, 1992.

BEHR, J. *The case against Diodore and Theodore*. Texts and their contexts. Oxford: Nova York, 2011.

BERGJAN, S.-P. *et al.* (orgs.) *Apollinarius und seine Folgen*. STAC 93. Tübingen, 2015.

BEYSCHLAG, K. *Grundriss der Dogmengeschichte*. Vol 2. Gott und Mensch. Teil 1: Das christologische Dogma / Teil 2: Die abendländische Epoche, Grundrisse 3,1/2. Darmstadt, 1991/2000.

BOOR, C. *Theophanis Chronographia*. Vol. 1. Leipzig, 1883 [Reimp.: Hildesheim: Nova York, 1980].

BRENNECKE, H. C. *et al.* (orgs.) *Athanasius Werke* III 1,3/4, Dokumente zur Geschichte des Arianischen Streites. Berlin: New York, 2007/2014.

BROX, N. *et al.* (orgs.) *Die Geschichte des Christentums*. Religion – Politik – Kultur. Deutsche Ausgabe. Vol. 1-4. Freiburg u. a., 1994/1997/2001/2003.

BROX, N. *Der Hirt des Hermas*. KAV 7. Göttingen. 1991.

BULTMANN, R. *Das Evangelium des Johannes*. 21. ed. KEK 2. Göttingen, 1986.

CAMELOT, P.-T. *Geschichte der ökumenischen Konzilien II*. Ephesus und Chalcedon. Mainz, 1963.

DÜNZL, F. *Kleine Geschichte des trinitarischen Dogmas in der Alten Kirche*. 2. ed. Grundlagen Theologie. Freiburg u. a., 2011.

DÜNZL, F. *Pneuma*. Funktionen des theologischen Begriffs in frühchristlicher Literatur. JAC.E 30. Münster, 2000.

ETTLINGER, G. H. (org.) *Theodoret of Cyrus*. Eranistes. Critical text and prolegomena. Oxford,1975.

FIELD, L. L. *On the communion of Damasus and Meletius*. Fourth-century synodal formulae in the Codex Veronensis LX. With critical edition and translation. STPIMS 145. Toronto, 2004.

GRILLMEIER, A. *Jesus der Christus im Glauben der Kirche*. Vol. 1-2,4. Freiburg u. a., 1990-2002.

HAHN, A.; HAHN, G. L. *Bibliothek der Symbole und Glaubensregeln der alten Kirche*. Breslau, 1897 [Reimpr.: Hildesheim, 2005].

KARMANN, T. R. *Meletius von Antiochien*. Studien zur Geschichte des trinitätstheologischen Streits in den Jahren 360-364 n. Chr. Frankfurt, 2009.

KELLY, J. N. D. *Altchristliche Glaubensbekenntnisse*. Geschichte und Theologie. 2. ed. UTB.W 1746. Göttingen, 1993.

KLAUCK, H.-J. *Der erste Johannesbrief*. EKK 23/1. Zurique u. a., 1991.

KRANNICH, T. *et. al.* (orgs.) *Die ikonoklastische Synode von Hiereia 754*. Einleitung, Text, Übersetzung und Kommentar ihres Horos nebst einem Beitrag zur Epistula ad Constantiam des Eusebius von Cäsarea. Studien und Texte zu Antike und Christentum (= STAC) 15. Tübingen, 2002.

LIÉBAERT, J. *Christologie*. Von der Apostolischen Zeit bis zum Konzil von Chalcedon (451). HDG III/1a. Freiburg u. a., 1965.

LIETZMANN, H. *Apollinaris und seine Schule*. Tübingen, 1904.

LÜDEMANN, G.; JANSSEN, M. (orgs). *Die Bibel der Häretiker*. Die gnostischen Schriften aus Nag Hammadi. Stuttgart, 1997.

LUKAS, V. *Rhetorik und literarischer ›Kampf‹*. Tertullians Streitschrift gegen Marcion als Paradigma der Selbstvergewisserung der Orthodoxie gegenüber der Häresie. Eine philologischtheologische Analyse. EHS.T 859. Frankfurt u. a., 2008.

METZLER, K.; SAVVIDIS, K. (orgs.). *Athanasius Werke* I/1,3. Oratio III Contra Arianos. Berlim; Nova York, 2000.

ORÍGENES. *Vier Bücher von den Prinzipien*. Trad. de Herwig von Görgemanns e Heirinch Karpp. TzF 24. Darmstadt, 1976.

PESCH, R. *Das Markusevangelium*. HThKNT 2,1/2. Freiburg u. a., 2001.

RAHNER, K. *Grundkurs des Glaubens*. Einführung in den Begriff des Christentums. 2. ed. Freiburg u. a., 2013.

SCHNACKENBURG, R. *Das Johannesevangelium*. Erster Teil: Einleitung und Kommentar zu Kap. 1-4. HThKNT 4,1. Freiburg u. a., 2001.

SCHNEEMELCHER, W. (org.) *Neutestamentliche Apokryphen I und II*. 6. ed. Tübingen, 1990/1997.

SEEBERG, R. *Lehrbuch der Dogmengeschichte*. Vol. 2. Die Dogmenbildung in der Alten Kirche. 4. ed. Graz, 1953.

WILCKENS, U. *Der Brief an die Römer* (Röm 1–5). 2. ed. EKK VI/1. Zurique u. a., 1987.

WINKELMANN, F. *Der monenergetisch-monotheletische Streit*. BBS 6. Frankfurt u. a., 2001.

UHRIG, C. *Und das Wort ist Fleisch geworden*. Zur Rezeption von Joh 1,14a und zur Theologie der Fleischwerdung in der griechischen vornizänischen Patristik. MBT 63. Münster, 2004.

Índice de citações bíblicas

Antigo Testamento

Gn 49,9a-b LXX 38

Dt 4,24 47

Sl 2,7 20
Sl 29,5 LXX 16
Sl 95,6 LXX 17
Sl 95,11 LXX 154
Sl 96,12 LXX 16
Sl 144,5 LXX 17

Pr 8,22-31 LXX 12

Sb 7,27 12

Is 7,14 LXX 39
Is 11,1-3 LXX 23, 27
Is 42,1 20, 27

Jl 2,28 LXX 65

Novo Testamento

Mt 1,1 115
Mt 1,18 36-37, 43, 46
Mt 1,20 36-37, 43
Mt 3,16 19
Mt 3,17 21
Mt 12,18-21 20
Mt 19,6 120
Mt 26,38 52
Mt 26,39 201
Mt 27,46 53, 64, 225
Mt 28,18 64

Mc 1 20, 21
Mc 3,11 19
Mc 13,32 64

Lc 1,35 37, 39-43, 46
Lc 2,52 64, 224
Lc 3,22 19
Lc 10,22 64
Lc 15,4-6 71
Lc 23,46 54

Jo 1,1s. 14
Jo 1,3 14
Jo 1,14 14, 29, 40, 50, 65, 72-75, 96, 111, 119, 128,
231

Jo 3,13 103, 166
Jo 3,14-16 15
Jo 4,24 40, 42, 47
Jo 5,22 64
Jo 6,51 52
Jo 6,53 142
Jo 12,27 64
Jo 12,28 64
Jo 13,21 64
Jo 16,28 15

At 2,24 80

Rm 1,3s. 16, 36-37, 44
Rm 7,23 201
Rm 8,22 244
Rm 8,29 75, 83, 111
Rm 9,5 117

1Cor 2,8 103, 166
1Cor 8,6 96, 144
1Cor 15,3 80
1Cor 15,50 34
1Cor 15,54s. 80

Gl 3,13 34

Ef 1,10 51, 243

Fl 2,5 131
Fl 2,6s. 56-57, 74, 101, 117, 168, 226, 231
Fl 2,6-8 65
Fl 2,6-11 11, 14-15, 76, 80, 93, 104

Cl 1,15 111
Cl 1,16 243

1Ts 5,23 50, 54

1Tm 2,5 164

Hb 4,15 176, 179, 231

1Pd 4,1 66, 79

1Jo 1,1-3 15, 30
1Jo 1,5 47
1Jo 1,7 30
1Jo 1,8-10 30
1Jo 4,2s. 29
1Jo 4,5 30
1Jo 5,6 29

Índice de nomes e de assuntos

Agatão 209, 212
Alexandria, Sínodo 73, 134
Alma de Cristo 49, 51-53, 55-61, 64-67, 126, 227
Anatólio, bispo de Constantinopla 171, 174
André, bispo de Samósata 146
anthropotokos (portadora do ser humano) 121
Antioquia, Sínodo 90
Apolinário, bispo de Laodiceia   76-92, 95-104, 106, 127, 133, 136-137, 136-137, 146, 190, 194, 199, 211, 232
Ário 63, 133
Atanásio, bispo de Alexandria   64-67, 69, 73-77, 79, 82, 85, 110, 122-124, 126, 134-136, 146-147, 230-232

Bar Sauma / Barsauma de Nísibis 169
Basilisco 186
Basílio, bispo de Cesareia 73, 86

Calcedônia (451), Sínodo 46, 154, 160, 172, 180-188, 190, 193, 195, 197-199, 204
Calisto I, bispo de Roma 42
Cerinto 27-29

Cirilo, bispo de Alexandria 123-124, 126-146, 149-159, 161-163, 167, 171-175, 181-182, 185-187, 189-191, 193-194, 196, 198, 204, 226, 237
Ciro, bispo de Alexandria 199, 204, 210
Constante II, imperador 202, 207-209
Constantino I, imperador 123, 175, 183
Constantino IV, imperador 209
Constantino V, imperador 212
Constantinopla (381), Sínodo 46, 77, 91, 98
Constantinopla (553), Sínodo 58, 105, 192-194, 197-199, 226, 233
Constantinopla (680), Sínodo 209
Clemente de Alexandria 45
Celestino I, papa 122, 137
Comunicação dos idiomas 67, 129, 145, 167, 188
Consubstancialidade 69, 155-157, 163, 176-177, 220, 231
Crisáfio 161, 168, 171
Cristologia da diferenciação 81, 141, 153, 159, 230
Cristologia da separação 175, 178
Cristologia da unificação 140, 150, 153, 233
Cristologia espiritual, Cristologia Pneumatológica 19, 24, 26, 43, 45-47
christotokos (portadora de Cristo) 121, 132

Dâmaso, papa 86, 88-90
Diodoro, bispo de Tarso 97-105, 115, 119, 159, 204, 230
Dióscoro, bispo de Alexandria 159, 163, 169-170, 172, 184, 213

Docetismo 33, 44
Domno, bispo de Antioquia 170
Doutrina das duas naturezas 45, 97, 185, 188, 194,
196, 199-200, 205, 207, 211

Éfeso (431), Sínodo 105, 145, 149, 152, 154, 158-
160, 172, 175, 183, 190, 193
Encarnação 9, 14, 33, 38-40, 43, 49-52, 57, 59, 63,
70, 73-75, 78, 82, 87, 92, 102, 120, 124, 126-130,
133-135, 140, 142, 155-158, 163-164, 178-180,
182, 188-190, 206, 211, 215, 217, 226, 232-233,
235-237, 239-244
Epifânio de Salamisa 20, 85
Eudócia, imperatriz 134, 161, 170
Eudóxio, ariano bispo 68-71
Eunômio, bispo de Cício 70
Eusébio, bispo de Cesareia 59-64
Evangelho Ebionita 20, 23, 26
Eutiques 161-164, 166, 168-173, 185, 187, 194, 213

Félix III, papa 187
Filípico Bardanes, imperador 212
Flaviano, bispo de Antioquia 105
Flaviano, bispo de Constantinopla 161-164, 168-173
Fórmula de União de 154, 156-160, 161, 173, 175-
178, 193, 204

Gala Placídia, mãe da imperatriz 170
Gnose 12-14, 31, 33, 36, 44, 52-54, 92
Gregório, bispo de Nazianzo 73
Gregório, bispo de Nissa 70-74

Henótico 187

Heráclio, imperador 202

Hermas / Pastor de Hermas 24-27

Hiereia, Sínodo 212

Hilário, papa 170

Hipólito de Roma 22, 28, 38-39, 42-43

homoousios (consubstancial), 69, 155-157, 163, 176-177, 220, 231

Honório, papa 201-203, 204, 209, 212

Hormisdas, papa 188-190

Hipóstase 59-60, 107, 120, 125-130, 134, 139, 141, 144-145, 157-158, 163, 178-181, 188-190, 193-196, 197, 211, 213-218, 221, 227, 232-236

Ibas, bispo de Essa 190

Inácio, bispo de Antioquia 37, 43

Irineu, bispo de Lião 21-22, 28, 43-44, 50-55, 230

Jacó Baradai 185

Jerônimo 22-24, 58

João IV, papa 202

João, bispo de Antioquia 122, 149-151, 153-155, 158-160, 173, 230

João Cassiano 123, 137

João Crisóstomo 105, 123

João de Damasco 213-216, 218-221, 224-226, 228, 237

João Duns Escoto 234

Joviano, imperador 78-80, 104, 136-137

Juliano, imperador 78
Júlio, bispo de Roma 137
Justino Mártir 39, 43
Justino I, imperador 188
Justiniano I, imperador 105, 137, 187-194, 217

kenose (autoesvaziamento) 12-14, 33, 101, 225, 236, 239

Latrocinium (Sínodo de Ladrões) 161, 170, 172-174, 184, 190, 193
Leão I, papa 163-174, 183, 231
Leão II, papa 212
Leôncio de Bizâncio 136
Leôncio de Jerusalém 217

Marcelo, bispo de Ancira 46, 59, 63
Marciano, imperador 136, 171, 175, 183
Marcião de Sinope 33, 230
Martinho I, papa 203, 207-209
Máximo Confessor 205-209, 215, 219, 231
Melécio, bispo de Antioquia 73-76, 90, 97, 105
Mémnon, bispo de Éfes 150-152
Modalismo 60
Monenergismo 198, 204 205, 212
Monofisismo 162-163, 169-171, 172, 176, 178, 184-185, 187-189, 193, 199-200, 213, 216, 230
Monoteletismo 198, 202-205, 212

Nestorianismo 160, 175, 184, 188, 201, 204, 211, 226

Nestório, bispo de Constantinopla 105, 121-124, 127-130, 132-139, 140-146, 149-153, 158-160, 168, 171-173, 175, 181, 187, 190, 194, 213, 226

Niceia, Símbolo 69, 124, 129-131, 138

Niceia (325), Sínodo 63, 69, 175

nous (espírito, intelecto) 83-85, 91, 106-108, 123, 127, 227

Olímpio, exarco de Ravena 207

Orígenes de Alexandria 23, 47, 54-61, 75, 92, 227

ousia (essência) 39, 113, 131, 196, 216

Pânfilo de Cesareia 59

Paulino, bispo de Antioquia 73-75, 77, 85

Paulo de Samósata, bispo de Antioquia 60, 75, 93, 95

Pirro, patriarca de Constantinopla 204-206

pneuma (Espírito) 16-28, 34, 36-50, 52, 54, 78-80, 91, 135

Preexistência 11, 19, 24-26, 57-59, 99, 227

Proclo, bispo de Constantinopla 158

Pseudo-Dionísio Areopagita 206, 226

Pulquéria, irmã do imperador 134, 161, 171

Roma, Sínodos 90, 137, 209

Sabélio 60

sarx (corpo/carne) 15-17, 25-26, 28-29, 33, 36-39, 44-46, 49, 66, 81, 85, 91, 127, 139

Sérgio, patriarca de Constantinopla 199-202, 204-205

Severo, bispo de Antioquia 185

Sínodo do Latrão (649) 98, 203, 206, 226

Sisto III, papa 153, 158

Sofrônio, patriarca de Jerusalém 200, 204

synapheia (ligação) 112-117, 119, 133, 140-141, 144, 232

Teodora, imperatriz 191

Teodoreto, bispo de Ciro 146, 162, 169-171, 182, 190

Teodoro, bispo de Mopsuéstia 72, 105-122, 134, 159, 190-192, 194, 204, 230

Teodoro Calíopas 207

Teodoro I, papa 203, 206

Teodósio I, imperador 91, 98, 183

Teodósio II, imperador 121, 134, 145-152, 161, 168-171, 183

Teófilo, patriarca de Alexandria 58

Tertuliano de Cartago 39-43, 52-55, 230

Theotokos (Portadora de Deus) 67, 121-123, 128-130, 132, 135, 144-145, 153-157, 176-178, 194

Tibério, imperador 10, 34

Tomus ad Antiochenos 74, 76

Tomus Damasi 90

Tomus Leonis 163, 168-169, 171-176, 184, 186, 193, 204

Traditio apostolica 45

Valente, imperador 82

Valenciano III, imperador 170

Verbo   14, 22, 29, 31, 36, 38-42, 44-46, 50, 53, 56-60, 65-65, 67, 69, 72, 74-76, 78, 81-84, 87, 90-93, 97-100, 101-105, 107, 110-112, 113-122, 124, 126-130, 131-134, 135-145, 147, 155, 158, 162, 165-168, 177-181, 185, 188, 194-196, 197-200, 202, 206, 210, 216, 219-222, 224-228, 231, 234-237, 239, 242-244

Virgílio, papa 191-193

Vitaliano, papa 209

Vitalis, apolinariano 77, 86, 88

Franz Dünzl (1960–2018)

por Michael Busser e Johannes Pfeiff

In memoriam

por Johannes Pfeiff

Franz Dünzl começou o trabalho deste livro em 2015, quando sua doença, a que ele deveria finalmente sucumbir no dia 23 de agosto de 2018, apareceu pela primeira vez. Não muito tempo antes (2011), havia sido publicada a segunda edição do volume anterior – se assim se quiser –, a *Pequena história do dogma trinitário na Igreja antiga*", cuja continuação, havia muito tempo, pairava no ar. A comparação natural, aqui, com a fábrica de filmes de Hollywood, que nos últimos anos preferiu igualmente sequências economicamente atraentes, provavelmente teria agradado a Franz Dünzl, que raramente dispensava uma brincadeira autodepreciativa.

No semestre de verão de 2018, quando a doença avançou surpreendentemente rápida para todos – certamente também para ele próprio – (num piscar de olhos, segundo seu "espírito profético" que entrementes se tornara proverbial), ele havia enviado a nós, a seus dois assistentes na cátedra de Würzbrug, do leito do hospital, o manuscrito deste livro quase pronto, a fim de que nós, em caso extremo, pudéssemos concluí--lo. Era de seu interesse que o texto se tornasse acessível a seus leitores e leitoras. Na verdade, já não havia muito trabalho a ser feito, pois Franz Dünzl sempre foi um estudioso extremamente cuidadoso, algo que pode ser confirmado por todos os que receberam de volta algum material corrigido por ele. Isto não obstante, os últimos passos no livro e, por fim, a redação deste posfácio mostraram-se tarefas nada fáceis. Em primeiro lugar, no plano pessoal, pois a partida de nosso orientador de tese, chefe de longa data e amigo Franz Dünzl rasgou um grande vazio em nosso cotidiano e em nosso trabalho científico que somente gradativamente podemos compreender. A conclusão do manuscrito frequentemente deixou-nos o sentimento de sermos "restantes" – no sentido de 1Ts 4,13-18, uma das leituras do réquiem de nossa faculdade. Ademais, o fato de ser uma publicação póstuma induz rapidamente à ideia de ver na obra um tipo de legado, como se se tratasse das últimas palavras do morto aos "restantes".

Certamente este livro não foi redigido neste sentido. E, no entanto, durante a leitura, as grandes linhas de seu pensamento aparecem em diversos lugares. A preocupação acadêmica do historiador da Igreja Franz Dünzl era sempre compreender a *historicidade como existencial religioso*", como ele já formulou em sua aula inaugural em Würzburg, no semestre de verão de 2002. De fato, a investigação do questionamento histórico jamais foi para ele o fim em si mesmo de uma persistente propedêutica teológica que teria permitido simplesmente que a história da Igreja provesse conhecimentos básicos que, em seguida, teriam sido aprofundados em disciplinas teológicas "superiores". Ao contrário, ele estava interessado em traçar toda a extensão do conhecimento histórico no âmbito de uma perspectiva atual e particularmente pessoal. Acima de tudo, o confronto patrológico com a espiritualidade de Gregório de Nissa, a que ele dedicou partes essenciais de sua vida de pesquisador, formou a convicção de que sua disciplina acadêmica podia também contribuir com algo para o avanço espiritual pessoal – certamente também uma das razões por que ele era extraordinariamente popular entre seus estudantes. No entanto, Franz Dünzl estava consciente – às vezes de maneira marota, mas nunca antiquada – de que a ocupação com a história da Igreja podia inicialmente questionar muita coisa firmemente acreditada, na medida em que demonstra os desenvolvimentos e reflete sobre as alternativas históricas. Sua teologia histórica, no entanto, não terminava em uma mera desconstrução das condições atuais, mas visava, em última análise, a levar a sério a Igreja e o indivíduo como sujeito histórico que se sabe chamado por Deus. Nisso ele não temia o fantasma do relativismo – algo assim era-lhe sempre mesquinho. De fato, para Franz Dünzl, *relativizar* algo não significava nivelar tudo. Ao contrário, ele compreendia como um *colocar-em-relação*, um *entretecimento* de história e presente que possibilita dar à imagem pessoal da história perfil e nitidez em profundidade. Ele aprendera a coragem para essa confiança no valor do conhecimento científico com Gregório de Nissa, com o qual ele concluiu sua aula inaugural da seguinte maneira:

> A discussão com a história, que bastantes vezes tem o condão de desiludir, de forma alguma leva ao nada. Mas ajuda a distinguir o essencial do irrelevante, a não permanecer na superficialidade, mas descobrir aí os vestígios do essencial e não mais perder esta trilha. Quanto mais alguém percorre (ou: transcende) este caminho do conhecimento, maior se pode tornar o desejo da razão fundamental e unificadora de tudo o que é relativo, a qual, por certo, repetidamente nos escapa. Aparentemente, este caminho do conhecimento leva à escuridão: Gregório de Nissa, porém [...] chama exatamente essa escuridão no final do caminho do conhecimento de "a noite divina" (GREGÓRIO DE NISSA, *Hom. XI in cant.*).

De igual modo, a presente apresentação do surgimento do dogma cristológico deixa entrever, em diversas passagens, como Franz Dünzl lutou para sondar questões existenciais no âmbito de uma pesquisa histórico-eclesial. Se, entre as capas deste livro, tese e antítese, triunfo e exílio, impulso e derrota se alternam, e cada compromisso pelo qual se acabou de lutar somente a muito custo é logo novamente questionado e exige novo aprofundamento, então é palpável o abismo intelectual e espiritual do conhecimento da fé de que Deus se encarnou. Contudo, Franz Dünzl não se detém na recapitulação da luta eventualmente resoluta em torno do dogma cristológico, mas abre a narrativa histórico-eclesial para o nosso presente. Já no prefácio do volume anterior, ele expressou a certeza de que Deus

> não quer comunicar-se [...] contornando o ser humano, mas pode servir-se da força (limitada) de nosso pensamento [...] e até mesmo de nossa disposição para a controvérsia, a fim de tornar-se acessível na vestimenta humana do pensamento e das palavras.

E assim, com ele, a dialética do surgimento do dogma se torna translúcida em nossa tarefa atual: a *atualização* da teologia – também de sua disciplina histórica –, de cujo valor e potencial Franz Dünzl sempre esteve convencido.

Se ele, neste livro, abre a reflexão sobre a deficiência das diversas abordagens cristológicas às questões da biografia pessoal da fé, então não é apenas o conhecimento histórico-eclesial que se abre mais profundamente. Ao contrário – e aqui a coisa se torna excitante , este esforço deixa transparecer de modo absolutamente fundamental qual era o estímulo de seu pensamento: uma admiração contagiante. Quando Franz Dünzl, em uma última visita ao hospital, enviou-nos o correio eletrônico com o manuscrito deste livro, ele o fez tendo conhecimento de que, às vezes, as coisas também não acabam bem. Ao mesmo tempo, contou ele maravilhado, quase infantilmente entusiasmado, a respeito do exame cardiológico do dia anterior, durante o qual seu médico explicou-lhe em todos os detalhes a função de seu coração, de resto, *"juvenil"*, como ele orgulhosamente observou. Sua palavra era digna de crédito quando, naquele momento, mostrava-se agradecido à sua enfermidade que lhe possibilitara tal conhecimento. Esta admiração honesta, talvez um pouco pertinaz e sempre contagiosa por Deus e por sua criação, estava no começo de sua teologia. O prefácio deste livro o comprova, quando ele descreve o tríplice abismo para o qual o ser humano moderno olha. Se Franz Dünzl refletiu sobre Deus, isso não se deu apesar desse abismo, mas diante dele. Por isso, em seu tempo livre, dedicou-se com grande entusiasmo a questionamentos do ponto de vista das ciências naturais, especialmente das evolutivo-biológicas. A partir do estudo delas, ampliou seu horizonte teológico e prolongou sua busca de Deus. De fato, para ele, o ser humano, sim, toda a criação remete a seu Criador. E o Criador, com seus "milagres" que, por exemplo, a biologia ou a astronomia pesquisam, sempre conseguia surpreender Franz Dünzl e estimulá-lo a nova reflexão.

Com isso, torna-se também perceptível como Franz Dünzl fazia teologia: com toda a seriedade com a qual a vida continuamente nos confronta. Com uma intuição para a gravidade da Cruz que Cristo assumiu sobre si. Se assim se quiser: com a morte diante dos olhos. E, concomitantemente, além disso, com uma esperança que tinha seu fundamento na perfeita assunção do ser humano por Deus. Em Cristo, para Franz Dünzl, não era apenas discernível quão grande o sofrimento da criação pode ser – mas também a que ela é chamada. Não somente em suas últimas semanas, mas então, de modo muito especial, tornou-se tangível que seu testemunho de vida não apenas aponta para nosso chamado, que inclui o seguimento da Cruz, mas também expressa a esperança de que o Gólgota não é o fim, e que a morte não tem a última palavra: *"Não é assim como se nada esperássemos..."*, disse ele, certa vez, muito antes de sua própria morte.

Este livro é um reflexo desta esperança: de fato, a Encarnação do Deus eterno em Jesus Cristo, a assunção de todo o ser humano (à exceção do pecado) era, para Franz Dünzl, âncora de uma admirável confiança e, ao mesmo tempo, mistério espiritual. O *Tomus Leonis* fala a respeito de que Cristo "tanto podia morrer [...] quanto podia não morrer", porque "na intacta e perfeita natureza de um verdadeiro ser humano [...] nasceu o verdadeiro Deus, totalmente no que lhe é próprio, totalmente no que nos é próprio (*totus in suis, totus in nostris*)". Neste sentido, era importante para Franz Dünzl que Cristo realmente tenha sido *"um de nós"*, como ele enfatiza no sumário deste livro. O escandaloso da Encarnação de Deus em um ser humano inquietava-o – e, por isso, também nunca se cansou de enfatizar apaixonadamente este *escândalo* em suas preleções. Para ele, também as controvérsias em torno do dogma cristológico comprovavam isso, pois elas eram, sem exceção, tentativas de compreender essa audaciosa esperança com as limitadas possibilidades intelectuais do ser humano.

Desse modo, o ser humano, como contraparte da revelação divina, figurava no centro do pensamento de Franz Dünzl. Esta perspectiva pessoal é que permitiu que sua teologia histórica fosse absolutamente atual – sem, nisso, resvalar para achatamentos pastorais. "*Ecce homo!*", diria ele admirado; e resume este livro, entusiasmado com o milagre da criação que, para ele, era sempre motivo de uma busca de Deus que não chegara ao fim:

> Na Cruz, Ele mostra-nos que partilha o sofrimento da criatura, que Ele carregou o fardo do mundo – assim como todos nós devemos carregá-lo [...] A Ressurreição, porém, mostra-nos que sofrimento e perecimento não são o fim do drama universal, que este drama do universo é um estágio de trânsito, um nascimento que se realiza há bilhões de anos.

Somos agradecidos por contribuir para a publicação desta obra e, deste modo, poder também retribuir um pouco do que lhe devemos. Desejamos a todos leitores e leitoras a mesma alegria que Franz Dünzl tinha com este tema – por exemplo, quando ele, em suas conferências, abaixava a voz conspirativamente e, diante das circunstâncias um tanto inglórias do Concílio de Éfeso, entusiasmava-se como diante de *"verdadeiro romance policial"* em que a história da Igreja se transforma àquela altura. Seu último correio eletrônico endereçado a nós, com o qual ele, da cama do hospital, enviou o manuscrito deste livro, trazia, de resto, o título *"Material de leitura para 2019"*. Com isso, certamente ele não tinha em vista somente nós dois.

Curriculum vitae

1960   Nasceu em Ratisbona.

1980-1985   Estudo de Teologia Católica (Bacharelado) nas universidades de Ratisbona e de Augsburgo.

1985-1987   Colaborador na pastoral da Dominikus-Ringeisen-Werk em Ursberg. Treinamento no Seminário de Educação Religiosa de Augsburgo para trabalhar como professor de Educação Religiosa em tempo parcial no serviço da Igreja (para escolas especiais).

1987-2000   Assistente de pesquisa, assistente e assistente sênior na Cátedra de Teologia Histórica (História da Igreja Antiga e Patrologia) com o Prof.-Dr. Norbert Brox, na Universidade de Ratisbona.

1992   Obtenção do doutorado em Teologia com a tese sobre o tema: *"Noivo e Noiva – A interpretação do Cântico dos Cânticos por Gregório de Nissa"* (publicado em Tubinga, em 1993).

1998   Habilitação para a livre-docência com um trabalho sobre o tema: "Pneuma. Função do conceito teológico na literatura primitivo-cristã" (publicado em Münster em 2000).

1999-2001	Professor lente na especialidade "História da Igreja e dos Dogmas na Antiguidade com Patrologia", na Universidade de Ratisbona.
2001-2018	Titular da cátedra de História da Igreja da Antiguidade, Arqueologia Cristã e Patrologia na Universidade de Würzburg.
2005	Prêmio pelo bom ensino, concedido pelo Ministério Estadual de Ciência e Arte da Baváris.
2018	Morreu em Ratisbona.

Coeditor da Série "Fontes Christiani. Zweisprachige Neuausgabe christlicher Quellentexte aus Altertum und Mittelalter" ["Fontes Cristãs. Nova edição bilíngue de textos cristão-fontais da Antiguidade e da Idade Média"].

Membro do Conselho Científico do Instituto da Igreja Oriental da Universidade de Würzburg.

Principais focos de pesquisa: História da Teologia dos primeiros quatro séculos; história da influência da Bíblia; formas de espiritualidade primitivo-cristã; história da mentalidade do cristianismo primitivo.

Publicações selecionadas

1. Monografias

Braut und Bräutigam. *Die Auslegung des Canticum durch Gregor von Nyssa.* Tübingen: Mohr, 1993 [Beiträge zur Geschichte der biblischen Exegese, vol. 32] [tese orientada pelo Prof. Dr. Norbert Brox, Ratisbona].

Gregor von Nyssa. *Canticum Canticorum Homiliae –* Homilien zum Hohenlied (grego/alemão). Tradução e introdução de Franz Dünzl. Herder: Freiburg u. a. 1994 [Fontes Christiani 16, vols. 1-3]

Pneuma. *Funktionen des theologischen Begriffs in frühchristlicher Literatur.* Münster/Aschendorff, 2000 [Jahrbuch für Antike und Christentum, sup. vol. 30] [ensaio teológico para a habilitação em livre-docência aceito pela Faculdade Teológica da Universidade de Ratisbona em novembro de 1998].

Kleine Geschichte des trinitarischen Dogmas in der Alten Kirche. 2. ed. Herder: Freiburg, 2011.

Tradução para o inglês:

A brief history of the doctrine of the Trinity in the Early Church. Nova York: T&T Clark, 2007.

Tradução para o italiano:

Breve storia del dogma trinitario nella Chiesa antica. Brescia: Queriniana, 2007.

Fremd in dieser Welt? Das frühe Christentum zwischen Weltdistanz und Weltverantwortung. Freiburg: Herder, 2015.

Geschichte des christologischen Dogmas in der Alten Kirche. Freiburg: Herder, 2019.

2. Coeditoria

DÜNZL, F.; FÜRST, A.; PROSTMEIER, F. R. (orgs.). *Norbert Brox, Das Frühchristentum* – Schriften zur Historischen Theologie. Freiburg: Herder, 2000.

Fontes Christiani. Zweisprachige Neuausgabe christlicher Quellentexte aus Altertum und Mittelalter. Turnhout: Brepols, 2001.

DÜNZL, F.; WEISS, W. (orgs.). *Umbruch – Wandel – Kontinuität (312–2012)*. Von der Konstantinischen Ära zur Kirche der Gegenwart. Würzburg: Echter, 2014 [Würzburger Theologie, vol. 10]

3. Artigos e contribuições

Gregor von Nyssa's Homilien zum Canticum auf dem Hintergrund seiner Vita Moysis. *Vigiliae Christianae*, 44 (1990), 371-381.

Perfekter Kontrollmechanismus. Thesen zur neuen "professio" fidei und dem "iusiurandum fidelitatis". *Anzeiger für die Seelsorge*, 99 (1990), 347-349.

Die Canticum-Exegese des Gregor von Nyssa und des Origenes im Vergleich. *Jahrbuch für Antike und Christentum*, 36 (1993), 94-109.

Formen der Kirchenväterrezeption am Beispiel der physischen Erlösungslehre des Gregor von Nyssa. *Theologie und Philosophie*, 69 (1994), 161-181.

Spuren theologischer "Aufklärung" bei Irenäus von Lyon. *In*: BAUER, J. B. (org.). *Philophronesis: für Norbert Brox – Grazer Theologische Studien*, vol. 19. Graz, 1995, 77-117.

Die Absetzung des Bischofs Meletius von Antiochien 361 n. Chr. *Jahrbuch für Antike und Christentum* 43 (2000), 71-93.

Gott, Engel oder Dämon? Zur Auslegungsgeschichte von Gen 32,23-33. *In:* FRÜHWALD-KÖNIG, J.; PROSTMEIER, F. R.; ZWICK, P. (orgs.). *Steht nicht geschrieben?* Studien zur Bibel und ihrer Wirkungsgeschichte. FS Georg Schmuttermayr. Regensburg: Pustet, 2001, p. 337-348.

Gregor von Nyssa. Mystik und Gottesliebe. *In:* GEERLINGS, W. (org.). *Theologen der christlichen Antike.* Darmstadt : Wissenschaftliche Buchgesellschaft, 2002, p. 98-114 [Também publicado em: DANZ, C. (org.). *Grosse Theologen.* Darmstadt: Wissenschaftliche Buchgesellschaft, 2006, p. 33-49].

Die Entscheidung der frühen Kirche für die heiligen Schriften des jüdischen Volkes. *In:* DOHMEN, C. (org.). *Gottes Volk eingebunden* – Christlich-jüdische Blickpunkte zum Dokument "Das jüdische Volk und seine Heilige Schrift in der christlichen Bibel". Stuttgart: Katholisches Bibelwerk, 2003, p. 21-31.

Forschung ohne Resonanz? Zu Intention und Wirkung Historischer Theologie in Gegenwart und Zukunft. *Theologische Quartalschrift*, 184 (2004), 224-231.

Herrenmahl ohne Herrenworte? Eucharistische Texte aus der Frühzeit des Christentums. *In:* HAUNERLAND, W. (org.). *Mehr als Brot und Wein. Theologische Kontexte der Eucharistie.* Würzburg: Echter, 2005, p. 50-72 [Würzburger Theologie, vol. 1].

Rigorismus oder pastorales Entgegenkommen? Zur Entstehung des kirchlichen Bussverfahrens im 2. Jahrhundert. *Zeitschrift für Katholische Theologie* 127 (2005), 77-97.

Die Diakonin in altchristlichen Kirchenordnungen oder: Der Spielraum der Kirche. *In*: FRANZ, T.; SAUER, H. *Glaube in der Welt von heute*. Theologie und Kirche nach dem Zweiten Vatikanischen Konzil. vol. 2. Diskursfelder. Würzburg: Echter, 2006, p. 169-187.

Bilderstreit im ersten Jahrtausend. *In*: GARHAMMER, E. (org.). *BilderStreit*. Theologie auf Augenhöhe. Würzburg: Echter, 2007, p. 46-76 [[Würzburger Theologie, vol. 3].

"Katechese und Unterweisung in der frühen Kirche" oder: "Wovon Religionslehrer/innen nur träumen können(?)". *In*: KATECHETISCHEN Institut der Diözese Würzburg (ed.). *RU-Kurier* – Handreichungen für Religionslehrerinnen und Religionslehrer in der Diözese Würzburg 32/2008. Würzburg, 2008, p. 4-7.

Bekenner und Märtyrer: Heroen des Volkes – ein Problem für das Amt? *In*: GRIESER, H.; MERKT, A. (orgs). *Volksglaube im antiken Christentum*. Darmstadt: Wissenschaftliche Buchgesellschaft, 2009, p. 504-524.

Römisches – christliches Geschichtsbild. *In*: GEERLINGS, W.; ILGNER, R. (orgs). *Monotheismus – Skepsis – Toleranz*. Eine moderne Problematik im Spiegel von Texten des 4. und 5. Jahrhunderts. Fontes Christiani Studien. Turnhout: Brepols, 2009, p. 25-46.

Respekt vor der Tradition – Sensibilität für die Gegenwart. Geschichtlichkeit als Wesenszug des Christentums. *In*: HALLERMANN, H. (org.). *Menschendiener – Gottesdiener*. Anstösse – Ermutigungen – Reflexionen. Würzburg: Echter, 2010, p. 31-51 [Würzburger Theologie, vol. 4].

Das Dokument der Päpstlichen Bibelkommission "Das jüdische Volk und seine Heilige Schrift in der christlichen Bibel" (2001) in der Sicht des Patrologen. *In*: BURKARD, D.; GARHAMMER, E. (orgs.). *Christlich-jüdisches Gespräch – erneut in der Krise?* Würzburg: Echter, 2011, p. 211-237 [Würzburger Theologie, vol. 5].

Der Auftakt einer Epoche: Konstantin und die Folgen. *In*: DÜNZL, F.; WEISS, W. (orgs.). *Umbruch – Wandel – Kontinuität (312-2012)*. Von der Konstantinischen Ära zur Kirche der Gegenwart. Würzburg: Echter, 2014, p. 11-40 [Würzburger Theologie, vol. 10].

Ein Impuls aus der Kirchengeschichte des Altertums zur Umfrage zur Bischofssynode 2014. *Lebendige Seelsorge*, 65 (2014), 126s.

Geschichte als Gegenstand der Theologie im frühen Christentum. *In*: BLUMBERG, A.; PETRYNKO, O. (orgs.). *Historia magistra vitae*. Leben und Theologie der Kirche aus ihrer Geschichte verstehen. FS Johannes Hofmann. Regensburg: Pustet, 2016, p. 169-191 [Eichstätter Studien NF, vol. 76].

Origenes von Alexandrien: Peri Euches / Über das Gebet. Überlegungen zu einem aktuellen Thema. *In*: BRÜNDL, J.; KLUG, F. (orgs.). Zentrum und Peripherie. Theologische Perspektiven auf Kirche und Gesellschaft. FS Otmar Meuffels. Bamberg :University of Bamberg Press, 2017, p. 267-288 [Bamberger Theologische Studien, vol. 38].

Zwischen Fremdheit und Attraktivität. Bildung im frühen Christentum. *In*: GARHAMMER, E.; LOHAUSEN, M. (orgs.). *Mehr als Theologie*. Der Würzburger Hochschulkreis. Würzburg: Echter, 2017, p. 13-41 [Würzburger Theologie, vol. 16].

Abgrenzung oder Anpassung? Impulse aus der Frühen Kirche. *Geist und Leben* 91 (2018), 6-15.

Conecte-se conosco:

 facebook.com/editoravozes

 @editoravozes

 @editora_vozes

 youtube.com/editoravozes

 +55 24 2233-9033

www.vozes.com.br

Conheça nossas lojas:

www.livrariavozes.com.br

Belo Horizonte – Brasília – Campinas – Cuiabá – Curitiba
Fortaleza – Juiz de Fora – Petrópolis – Recife – São Paulo

EDITORA VOZES LTDA.
Rua Frei Luís, 100 – Centro – Cep 25689-900 – Petrópolis, RJ
Tel.: (24) 2233-9000 – E-mail: vendas@vozes.com.br